KAWADE
夢文庫

仕事にも勉強にも使える!

集中力を確実にアップする技術

「ここ一番!」に強い人の習慣術

ライフ・エキスパート[編]

河出書房新社

あなたの集中力を最高に引き出す魔法の書！――まえがき

仕事や勉強がどれだけはかどるか？――そのカギを握《にぎ》っているのが、「集中力」である。

どんなに優秀な頭脳の持ち主でも、あるいは、どんなに要領《ようりよう》がいい人でも、集中力がなければ、ひとつのことをなし遂《と》げるのは、簡単ではないはずだ。

逆に、集中力があれば、たいていのことはなし遂げられるから、そういう人はたいてい「頭がいい」といわれる。つまり、集中力は「頭のよさ」の大きな比重を占めてもいる。

また、集中力を「ここぞ」というときに発揮《はっき》できる人は、仕事や勉強ができるだけでなく、いざ本番というときに成功をおさめることもできる。

大リーガーのイチロー選手やゴルフのタイガー・ウッズなど、超一流といわれるようなアスリートたちはみな、抜群《ばつぐん》の集中力の持ち主であり、それが彼らの勝負強さの秘密であることはご存じのとおりである。

では、そういう集中力は、ひと握りの人間だけに先天的《せんてんてき》に与えられたものなのだろうか？

もちろん、そういう天才はいるだろう。しかし、超一流のアスリートやプロ棋士《きし》のなかには、集中力を努力して身につけていった人たちがひじょうに多い。

その詳しいノウハウは本文を読んでいただくとして、イメージトレーニングや心理学の理論などを活用すれば、誰でも集中力を確実にアップさせることができるのである。

・仕事や勉強をはじめても、なかなか乗れない
・すぐに気が散ったり、飽きっぽかったりする
・スランプにおちいって、いつもの集中力が発揮できない
・いざ本番というときにかぎって、実力が出せない

もしも、あなたがそんな悩みを抱えているとしたら、さっそく本書を読んで、高レベルの集中力を自分のものにしていただきたい。

しかるべき条件を整《ととの》え、ある程度のトレーニングをすれば、誰でも素晴らしい集中力の持ち主になれることを保証します。

ライフ・エキスパート

集中力を確実にアップする技術／もくじ

プロローグ――
集中力をフル稼働させたいなら まずはこの基本習慣から

◉もっと〝デキる人〟になりたいあなたへ――

自分なりの〝集中ゾーン〟をよく知ろう 14
目標はすこし高めの設定が集中力発揮のカギ 17
目標は「長・中・短」に区切って設定すべし 19
具体的に目標を書き出してみよ 22
まわりに目標を宣言してプラスの自己暗示をかける 24
仕事前には〝儀式〟で気持ちを切り替える 27
集中力の発揮にはウォーミングアップが不可欠 29
脳を「快」の状態にして気分を高めよ 32
予定を組む時は「自分の時間」をまず先に確保 34

質のいい睡眠こそが集中力を高める 37
休日は徹底して遊び、生活にメリハリをつけよう 39
集中力を発揮するには朝食は腹六分目 41
集中できる体にはビタミンB_{12}が必要 44

1章——ノリが悪い時でもやる気を引きだす集中術

◉脳力を全開にしたいあなたへ——

やる気がない時でも、まずは作業にとりかかれ 48
開始前の「声出し」は意外と効果的だ 50
気ノリしない仕事は時間を決めて習慣化する 52
イヤな仕事は「今日だけ」と思って取り組め 54
仕事も勉強も制限時間を決めて着手する 56
全体を細分化し簡単なところから手をつけよ 59
ヘタな「ごほうび」は集中力低下のもと 61
仕事や勉強の合間には「小さなごほうび」を用意 64

机の上を片づけるだけでも、やる気はわく 66
やる気に欠ける時は意識して体を動かせ 68
「ライバルに負けた自分」を想像してみよ 70
嫌いなものにこそ無理してでも関心をもつ 72
気ノリしない仕事・勉強は「ゲーム化」する 75
新しい道具は不思議とやる気を引きだす 77
困難なテーマとの正しい〝つき合い方〟とは 79
本当に気ノリしない時は何もしない 81
ノッている仕事はあえて「途中で中断」する 84

2章 気が散る原因をスパッと解消する集中術

◉集中できる最高の環境にしたいあなたへ——

自分好みの「作業スタイル」をもちなさい 88
「自分のスタイル」にこだわり過ぎてもダメ 90
作業のテーマは一つに絞りこむ 92

単純な作業にはＢＧＭが効果的だ　94
静かすぎる環境は、かえって気が散るもと　96
机の上は極力シンプルにすべし　99
集中しはじめたら身辺はそのままがいい　101
机の向きしだいで集中力は左右される　103
机とイスの高さの差は三〇センチが理想　105
これが集中力を高める部屋の照明法　107
時計はできるだけ見ないようにする　109
ガムを噛んで集中力を喚起する　111
アロマテラピー効果で集中力を取りもどす　114
プライベートの「心配ごと」を放っておかない　116

3章 マンネリ気味の頭にビリッと刺激を与える集中術

◉途切れた集中力を回復したいあなたへ――

飽きやすい人は「能動的休息」をとろう　120

大きな集中力が途切れた時の対処法　122
飽きてきたら作業のやり方を変えてみよ　125
飽きた時には、この運動が効く　127
顔を洗うだけでも集中力は蘇ってくる　129
コーヒーやお茶を飲みすぎないこと　131
立ったままの作業で集中力を高める　133
集中と休憩のバランスを考えて作業せよ　135
集中力が切れたら〝回復の儀式〟を行なう　137
飽きてきたら作業する場所を変えてみる　140
地道な作業は飽きる手前でやめてしまう　142
ゴロリと横になるのが集中力回復の切り札　144

4章　手強いスランプからすばやく脱出する集中術

◉停滞の壁をうち破りたいあなたへ――

他人ではなく「自分自身」と競争しなさい　148

身近な存在をライバルに設定する 150
好きなことを一つだけやめてみる 153
スランプの時は、思いきってノルマを減らせ 155
集中できない時は、自分の「フォーム」を守りぬく 157
「プラスのイメージ」だけを思い浮かべよ 160
マイナス思考は「でも」のひと言で切り替えよ 162
時には「過去の失敗」を思いだし、自分を鼓舞する 165
終わった仕事はすぐに忘れ、次の仕事に集中すべし 167
極度のスランプならば、目標を設定しなおそう 170

5章 ここ一番の大舞台で実力を出しきる集中術

◉プレッシャーを克服したいあなたへ

集中の極意は「リラックス」にあり 174
「適度な緊張感」が本物の集中力を生む 176
集中力のピークは本番のすこし前に合わせよ 178

「楽観的なイメージ」が集中力を格段に高める　180
どんな時でも「冷静さ」を失わないこと　183
自分が集中すべき対象をハッキリさせよ　185
大舞台では全ての動作を「スロー」にする　187
集中力を出しきるために腹式呼吸の習慣を　189
「ここ一番」の前には気持ちを高める音楽を聴く　191

6章　日常のトレーニング習慣　ますます集中力に磨きをかける

◉グレードアップを狙うあなたへ――

「すきま時間」の作業で集中力を養う　196
作業を早く終わらせる方法をつねに考える　198
締め切り時間を自主的に設定する　200
二つの作業を同時に進行させてみる　202
つねに本番のつもりで作業に取り組む　204
何でもいいから熱中できる趣味をもつ　207

本や映画の、集中力を鍛える楽しみ方 209
人の話をじっくり聞く習慣をつける 211
メモは必要最低限しか取らない 213
日頃から自然をよく観察する 216
集中力アップに有効な「残像集中法」とは 218

集中力を確実にアップするポイント 46／86／118／146／172／194

カバーイラスト◉古川タク
本文イラスト◉皆川幸輝
◉谷崎 圭
協力◉エディターズワーク

プロローグ――

集中力をフル稼働させたいなら
まずはこの基本習慣から

◉もっと〝デキる人〟になりたいあなたへ――

集中力アップの助走術・1

自分なりの〝集中ゾーン〟をよく知ろう

遊びでも仕事でも、何かに夢中になった状態を「ハマッた」ということがある。集中するとはまさにそんな状態のことだ。たとえば、話しかけられたのに気づかず仕事に没頭していたり、寝食を忘れて漫画を読みふけったり、ゴルフで雑念《ざつねん》に左右されずパットを打てたり――。

こういうときは、脳がほかの感覚や機能を必要最低限におさえこみ、ひとつの事《こと》柄《がら》に専念している。

そして、こうしたときは、自分のもっている力を一〇〇パーセント（場合によってはそれ以上）発揮《はっき》することができる。

そうした集中力が持続できれば、誰でも充実した日々を送れることはいうまでもない。しかし集中力というものは、そうそう長くはつづかない。何時間も集中できてしまっては、脳や肉体がもたなくなってしまうからだ。

持続できる時間は一五分とも九〇分ともいわれ、個人差も大きい。つまり、集中するために大切なのは、集中力をどれだけ長くキープするかではなく、要所要所で、いかに効果的に集中力を発揮できるか、ということになる。

そのために、環境を整《ととの》えたり、メンタル面のコントロール術が必要になってくるのだが、そうしたノウハウを実践《じっせん》する前に、まず覚えておきたいことがひとつある。

それは、自分がハマッている状態、つまり、どんなときなら自分が〝集中ゾーン〟に入れるのか、その条件を知っておくということである。

集中力には波があるし、発揮できる条件も人によってちがう。だからこそ、自分が集中できているいい状態を思い出し、そのときの条件をあらかじめ脳にインプットしておくのだ。これは、一種のイメージトレーニングだが、このイメージ力はあなどれない。

あのときは集中できたなと思えるときを、振り返ってみよう。まわりの環境はどうだったか、そのときの

体調は、精神面はどうだったか（リラックスしていた、楽しかったなど）、そのときにやっていた習慣があるかどうかなどを思い出す。頭でリピートするだけでなく、書き留めてみるといい。

こうした〝集中ゾーン〟を知っておけば、イライラしたり気が散ったときでも、調子がよかった状態を思い出し、うまく軌道修正できるようになる。一回でうまくできなかったとしても、二回、三回とくり返していくうちに、気持ちを切り替えるコントロール術を身につけられるはずだ。

「〝集中ゾーン〟なんて経験したことがない」という人でも、かつて自分が最高のパフォーマンスを発揮したときのことを思い出せば、それがその人の〝集中ゾーン〟だと思えばいい。

参考までに、人間の集中力は一週間のあいだでも波がある。

俗にブルーマンデーなどといわれるように、月曜日は会社に出るのも憂鬱《ゆうつ》で能率も悪い。

しかし、ある実験によれば、集中力をさまたげる疲れが出てくるのは、月曜よりも週末。そして一週間でいちばん集中力があるのは、日曜日の午前中だという。自分の最高の〝集中ゾーン〟を知るためのデータとしてほしい。

集中力アップの助走術・2

目標はすこし高めの設定が集中力発揮のカギ

集中力が発揮されているとき、脳のなかにはTRH（甲状腺《こうじょうせん》刺激ホルモン放出ホルモン）が分泌《ぶんぴつ》されている。これは別名〝やる気ホルモン〟といわれる脳内物質で、集中している状態をつくる鍵《かぎ》となる。

〝やる気〟が集中力の原動力になっているのは、たいていの人が経験的にわかっているはずだ。気乗りのしない仕事や勉強は、集中しようと思ってもうまくいかない。興味や関心のあることだったら、やる気は自然とわいてきて、努力しなくても集中しているものである。

そこで大切になってくるのが、集中力を発揮する準備段階として、まずは目標を設定する、ということである。

たとえば営業成績でトップになろうとか、今年は資格をとるぞなどと、達成すべき目標を決めれば、クリアしたいという欲求が生まれ、やる気ホルモンが脳内に分泌される。その結果として集中力が発揮されるわけだ。

そこで問題になるのは、目標の高さをどの程度にするかだ。〝やる気〟という少々気まぐれなホルモンをうまく作用させるには、目標は高めがいいのか、それともあっさり達成できるくらい低く設定するのがいいのだろうか。

アメリカの心理学者レヴィンは、成功感と挫折感《ざせつかん》について の研究のなかで、人のやる気は「要求水準」を満たしたかどうかで大きく左右されると指摘している。

「要求水準」とは、〝自分が強く求めた目標〟のことだ。目標とはきわめて主観的なもので、たとえば「ＴＯＥＩＣで六〇〇点以上のスコアをとる」という目標は、ある人にとっては雲の上の話でも、ある人にとっては朝飯前ということもある。

レヴィンは、この要求水準の設定が高すぎると〝成功の確率〟が小さくなって、やる気は低下し、低すぎると安心感が先に立って、やはりやる気は出にくくなるといっている。

つまり、やる気をうまく引き出すには、この〝成功

の確率〞がポイントになる。もしかしたら失敗するかもしれないけれど、がんばれば成功して達成感が得られるだろう――。目標はそんな高さに設定するのがコツである。

たとえば、昨日「一〇〇」できた仕事を、今日は「二〇〇」進めようなどといきなり倍に設定しては、達成感がなかなか得られずに、そのうちやる気を失ってしまう。しかしラクラクできる「五〇」に設定すれば、油断してしまってやはり打ち込みにくくなる。無理かもしれないけれどできるかもしれない、そんな微妙なさじ加減をして「一一〇」か「一二〇」くらいにするといい。

そうしてすこしずつレベルアップしていくことで、できることもどんどんふえていく。そのときの成功体験が、のちに集中力を発揮しなければならないときの大きな力にもなるのである。

集中力アップの助走術・3

目標は「長・中・短」に区切って設定すべし

大リーグ・マリナーズの長谷川滋利《しげとし》投手は、渡米当時、体格などの点からメジャーで通用するのかどうか不安が囁《ささや》かれたものだ。しかし、彼はいま、欠かすことのできないセットアッパー（中継ぎ）として、不動の地位を占めている。

その理由はどこにあるのか？ 長谷川投手の書いた『チャンスに勝つピンチで負けない自分管理術』という本を読むと、その秘密は、彼の目標の立て方にあったことがわかる。

メンタルトレーニングについてもくわしい長谷川投手の、目標の立て方とその実現方法は次のようなものだ。

たとえば「試合を締めるクローザー（抑え投手）になって一〇〇万ドル稼ごう」という、大きな目標を立てたとする。いつかはそうなりたいと願う、こうした大きな目標は、誰でもひとつくらいはもっているものだが、たいていは、目標が大きすぎてそれっきりになる場合が多い。

そこで、長谷川投手は、大きな目標を細かく分割していく。ゴールを設定したら、それを短期目標へ噛《か》み砕いていくのだ。たとえば、先の目標はこんな具合だ。

一〇〇万ドル稼ぐとなると、それに値《あたい》する投手にならなくてはならない→そうなるためには、自分のレベルを上げる必要がある→レベルアップさせるためには、やはり新しい球種に取り組んだほうがいい。

はじめに立てた目標を達成するためには何をすればいいかということを、逆算してどんどん考えていく。すると、一年後の目標や一か月後、一週間後、そして今日は何をするべきかまで具体的に見えてくるというわけである。

　集中力を発揮させるには、長谷川投手のように、高めに設定した目標をさらに細かく区切って、中継地点をつくるといい。最終的なゴールの前に小さな目標をつくることで達成感が得やすくなり、やる気をうまく引き出せる。

　目標を区切るときは、時間軸を三つに分けるといい。たとえばゴールを一年後と設定したら、さかのぼって半年後、さらに手前の三か月後というように、目標を「長期・中期・短期」に区切って設定してみる。

　もちろん、長期、中期、短期の長さは、最終的なゴールに合わせ、自由に変えてもいい。たとえば、自分の店をもちたいという目標を設定した場合、目標達成を三年後とするのか、一年後なのか、半年後かで、中期

や短期の時間も、それぞれの目標の中身も変わってくるだろう。
ようは、大きな目標をボンとひとつ立てて満足するのではなく、自分に課題を細かく与えていくことが、集中力をうまく発揮させるコツというわけだ。

集中力アップの助走術・4

具体的に目標を書き出してみよ

業績低迷に苦しんだ日産自動車をわずか一年でV字回復させたことで、一躍時の人となったカルロス・ゴーン氏。彼は、その著書や講演のなかで、目標を明確にすることの重要性をくり返し述べている。

たとえば、日産が三年間で達成するべき目標を示した「日産180」という言葉のなかには、「1」は出荷台数を100万台にふやす「1」、「8」は営業利益8%、「0」は負債《ふさい》ゼロと、具体的な目標が盛り込まれていた。計画には〝すばらしいもの〟より〝具体的なもの〟が必要というわけだ。

目標を明確にすることは、神経を集中させ、自分の能力を発揮させるためには欠かせない。そして具体的に立てた目標は、自分自身の手で書き出してみることが大切。アメリカの創造性開発の理論家であるA・L・ジンバーグも、目標を明確にする技術として、記述することの重要性を述べている。

頭のなかだけで考えたゴールは、意外に輪郭《りんかく》がもやもやしていて、ほんとうの目標や問題点がはっきり見えていないことが多い。

たとえば、あたためていた企画を企画書に起こしてみたら、足りない部分が見えてきたとか、手紙を書いているうちにまとまらなかった考えが整理されたというのはよくあることだ。

頭のなかにある〝思い〟というのは、あまり当てにならないものなのである。だから設定した目標も、書き出すことでほんとうに具体化される。そして、ゴールがはっきりすることで、実現性も飛躍的にアップする。

また、目標を具体的に書き出すと、自分に言い訳がきかなくなるということも大きい。人間とは勝手なもので、目標に向かって思うように物事が運ばないと、勝手にゴールを修正しはじめることが多い。

たとえば、ダイエットするぞと奮起《ふんき》しても、目の前にあるケーキを見ると、「やっぱり明日から」と変更したり、毎日英語を勉強するぞと決意しても、残業がつづくと「まとめて週末に」などと萎《な》えてしまったり。

これでは、集中力の発揮も何もあったものではなく、目標を立てる前と変わらぬ生活がつづくだけだ。しかし書き記しておけば、自分に妥協《だきょう》しにくくなる。

書き出した目標を読み返せば進捗《しんちょく》状況がチェックできるし、やる気がなくなったときに見て奮起しなおすこともあるだろう。ちなみに、前項で紹介した長谷川投手も、目標を書き記しているそうである。

集中力アップの助走術・5

まわりに目標を宣言してプラスの自己暗示をかける

集中力をうまく発揮できる目標の立て方について、もうひとつポイントを紹介しておこう。それは、目標を立てたら、それを公言してみる、ということである。

書き出す作業も自分にウソをつかないための証拠になるが、公言すればまわりにも証人をつくることになる。誰でも、大風呂敷《おおぶろしき》ばかり広げて……などと後ろ指はさされたくないもの。こうして、逃げ道をはじめから塞《ふさ》いでおけば、やる気を呼び起こし、眠れるパワーが引き出されるというわけだ。

その意味でいうと、オリンピックに選ばれた代表選手は、「メダルを目指してがんばります」、「ベストをつくします」などと、トーンをおさえたいい方をする人が多いが、最近は、大会前から堂々と「金メダルをとる」と言い切って、じっさいそれを達成してくる選手も出てきた。

世界水泳選手権で一〇〇メートルと二〇〇メートルの平泳ぎで金メダルを獲得した北島康介選手は、大会前から金メダルをふたつとると公言していたし、谷（旧姓・田村）亮子選手がシドニー五輪前に「最高でも金、最低でも金」といって、そのとおりに金メダルに輝いたことは記憶に新しい。

むろん、こうした発言は自分に自信がなければなかなかいえるものではないが、じつは少々自信がなくても、目標を公言してしまうと、それが大きな力になることもある。

それは、プラスの暗示の循環《じゅんかん》がうまい具合にまわりはじめた場合だ。

たとえば、「ＭＢＡをとる」という目標を設定したとする。それを公言していると、まず自分がプラスの暗示にかかって自信がもてるようになる。そんな姿を

見ていると、今度はまわりが「本人がそういっているしたしかにとりそうだ」、「あいつならとれるだろう」とだんだん思いはじめる。

そうすると、「すごいなMBAなんて」とか「MBAとったらどうするの」などと、とったことを前提に話しかけられたりもする。それがまた本人にとっては、プラスの暗示効果になるというわけだ。

三洋電機の創業者である故・井植歳男《いうえとしお》氏は、若いころから母親に、「事業が成功したら、故郷の淡路《あわじ》の島ごと全部買う」と公言していたという。

彼の母親は、雲をつかむような話ばかりいう困った息子だと内心思っていたというが、井植氏は松下電器に入社し、四五歳という若さで三洋電機を創立するほどの成功をおさめた。

井植氏はじっさいに淡路島は買うことはなかったが、そう公言していなかったら、松下電器での〝小成〟に甘んじていたかもしれない。〝淡路島〟が彼を奮《ふる》い立たせ、より目標に近づこうと努力させたことは想像に難くない。

もちろん、公言する目標は、いったとたん自分が「ムリムリ」と思ってしまうようなものでは、それこそ無理がありすぎる。がんばり次第でなんとかなりそうなものにするのがポイントである。

集中力アップの助走術・6

仕事前には〝儀式〟で気持ちを切り替える

たとえば、重要なプレゼンテーションの前にネクタイをキュッとしめなおす、大事なデートの前にルージュを塗りなおす——こうした行動は、これから起こることにたいする気合のあらわれといえる。たとえ無意識であったとしても、それまでと気持ちをガラリと切り替える重要な〝儀式〟になっている。

スポーツ選手のなかには、こうした気持ちの切り替えの〝儀式〟を自分なりにつくり、ここぞというときに意識的に取り入れている人が少なくない。

たとえば、巨人の桑田《くわた》投手。彼は、投げる前にマウンドの上でボールに何かブツブツ語りかけることが多い。〝念仏投球〟ともいわれるこのやり方、試合が終わると、本人は何をつぶやいていたのかはあまり覚えていないというが、ボールに語りかけることが、桑田投手にとっては集中力を高めるかっこうの儀式になっていることは間違いない。

ほかにも、別のあるピッチャーは、マウンドで投球練習をする際、毎回、何の球種から投げはじめて何の球種で終えるか決めているというし、あるバッターは、バッターボックスに入る前に、かならず屈伸運動し、おなじ姿勢でおなじ歩き方で歩いて打席に立つことを心がけていたりする。また、ゴルフでは、ショットに入る前の動作を一定にすることが上達のコツといわれており、これは「プレ・ショット・ルーティン」といわれている。

　こうした動作を毎回〝儀式〟のようにおこなうのは、じつは「条件づけ」というメンタルトレーニングのひとつでもある。いつも決まった動作をすれば、条件反射的に集中力が喚起《かんき》されるというわけだ。

　仕事に集中しようとするときも、じつは「条件づけ」は有効だ。これをすればきちんと気持ちが切り替わり、仕事モードにビシッと入れるような〝儀式〟を、自分なりに考えてみてはいかがだろうか。

　たとえば、トイレでベルトをしめなおすとか、喫茶店でコーヒーを一杯飲んでから出社する、深呼吸をす

る、指をならす、肩をぐるぐるまわしてから席につくなど、どんなことでもいい。自分なりに決めた〝儀式〟をしてから、毎日仕事にとりかかるようにするのだ。

するとそのうち、その〝儀式〟をするだけで、スッと仕事に集中できるようになるはずだ。体に覚え込ませた〝儀式〟が、気持ちを切り替えるスイッチになるのである。

集中力アップの助走術・7

集中力の発揮にはウォーミングアップが不可欠

多くのプロスポーツ選手のメンタルトレーニングの指導をし、さまざまなメディアでトレーニング法を紹介している高畑好秀氏は、プロ野球選手の集中力について、こんな話を紹介している。

野球選手が球場入りして練習に入るとき、ホームゲームとビジター（アウェイ）のゲームとでは、選手たちの集中力に明らかなちがいがあるという。どちらが集中できているかといえば、ホームの球場に入るほう。これには、ホームのほうが慣れていて、選手たちがいい具合にリラックスしていることもあるのだが、高畑氏は、ホームとアウェイとでは選手の球場への〝移動の仕方〟にちがいがあるからだともいう。

アウェイの場合、選手たちはホテルから球場まで全員そろってバスで移動することになる。一方、ホームの場合、選手は自宅から球場までクルマを自分で運転してくることが多い。

両者のちがいは、選手がクルマを自分で運転してくるかどうか。

バスのなかでは席に座ってひと眠りしたり、まわりの選手と話したりしているうちに、いつの間にか球場についてしまう。

ところが、クルマを自分で運転する場合はそうはいかない。運転には、それなりの集中力が必要になる。これが集中力を発揮するための格好のウォーミングアップになっており、練習に入ったときには集中力のレベルを理想の状態にあげられるというのだ。

このことは、会社までの通勤スタイルにもあてはまる。たとえば、ある人は電車でウツラウツラし、ある

人は新聞や本を読みながら会社にたどりついたとする。どちらの人が、始業時刻とともにエンジン全開になれるかといえば、もちろん後者だ。

集中力は、エンジンがかかって本来の力が出せるまで、少々時間がかかるものなのだ。最高レベルを「一〇」とすると、集中するぞと思ったときに一気に「一〇」にもっていくのはむずかしい。走り高跳びのように、高く跳ぶには、ある程度の助走が必要になる。だから通勤電車での読書は、集中力のウォーミングアップに最適というわけだ。

ただしウォーミングアップでは、力みすぎないこと。だいたい「六」くらいのレベルを目安にするといい。それ以上高くしようとすると、会社につくまでに疲れきってしまいかねない。

また、ウォーミングアップの内容は、本来の勉強や仕事と似たものを選ばないようにする。たとえば、電車のなかで今日やる仕事の段取りを考えたりすると、逆に集中力を消耗《しょうもう》してしまう。帰ってから英語の勉強をしなければならないときに、英字新聞を読めば、類似した行動をとったことで満足が得られて、本来するべきことへのやる気は失われてしまう。ウォーミングアップは、仕事や勉強とはまったく関係のないものにするのがコツである。

集中力アップの助走術・8

脳を「快」の状態にして気分を高めよ

興味のあることに夢中になっているとき、脳は「快」の状態になっている。このとき脳内では、TRHという〝やる気ホルモン〟が分泌されているという話を前に紹介したが、ほかにも活発に分泌されているものがある。ドーパミンという快感を増幅する神経伝達物質がそれだ。

人は快感を覚えると、脳内でドーパミンがつくられる。それによって快感神経系のスイッチが入れられ、脳が覚醒《かくせい》し、集中力が高められていく。興味や関心があることに自然と打ち込めるのは、こうした脳内のはたらきがあるからである。

しかし、いま取り組んでいる作業にさほど興味がなかったとしても、別の理由で脳が「快」の状態になっていれば集中力はアップする。たとえば、恋愛などプライベートな面がうまくいっているときは気の進まない仕事もラクラクできたり、職場の雰囲気がいいと、いい企画が浮かんだりする。「快」の気分が集中力をアップさせ、能力以上の結果を引き出してくれるのである。

集中力を発揮させるためには、そうした「快」のパワーをうまく利用したい。どんなことでも脳になにかしらの「快」を与え、「快感を感じる↓集中力がアップする」という方程式を利用するのだ。とりあえず、自分の気分をよくさせればいいのだから、やることはどんなことでもいい。

たとえば、天気のいい日に花見をしながら外でランチを食べるとか、好きな音楽を聴く、おもしろそうな雑誌を読む、おいしいコーヒーを飲みにいく、タバコを一服する、同僚と雑談をする、友達と遊びにいっておもしろかったことを思い出す……などなど、とにかく自分の脳にはたらきかけて楽しい気分を味わおう。ちょっとした気分転換のための方法というよりも、自分が心から楽しめるものが理想だ。

集中力が欠けているときは、やる気が失せて、気分的にも「快」ではなく「不快」というケースが多い。憂鬱《ゆううつ》な気分のまま、やる気が出てくるのを待っていてもそれは時間のムダ。こんなときは、自分で積極的に

「快」をつくり出していくことである。

ただし、気をつけたい点がひとつ——集中して取り組みたい作業とまったくちがうことをして「快」の気分になったら、すぐにやるべき仕事に手をつけること。せっかく楽しい気分になっても、「快」であることに没頭してしまっては意味がない。わき道にそれるのは、あくまでも集中力を引き出すためのウォーミングアップであることをお忘れなく。

集中力アップの助走術・9

予定を組む時は「自分の時間」をまず先に確保

効率よく仕事をこなし、あまった時間で好きなことをしている人は、まわりから「要領がいい」などといわれたりする。そこには嫉妬《しっと》や皮肉《ひにく》がこめられて、マイナスの意味合いでつかわれることも多い。

けれど、「要領がいい」とは、言葉を変えれば「集中力がある」ということ。ビジネスで成功しているのは、まさにそういう人たちだろう。彼らは与えられた一日二四時間をじょうずにつかい、仕事でもプライベートでも、自分の実力を思う存分、発揮している。

なかには、自分は仕事だけで精いっぱい、プライベートも充実させるなんてとても無理！　という人もいるだろうが、じつは、そういう人ほど、集中できていない無駄な時間が多かったりする。仕事がデキる人のほうが、多忙でありつつも自分の時間も楽しんでいる。時間のつかい方がうまい、つまり集中力をあちこちで発揮させる方法がうまいのだ。

世界最大のスポーツ・エージェントＩＭＧの創設者、故マーク・マコーマック氏は、連日、分刻みのスケジュールをこなしていた。

しかし彼は、好きなテニスの時間を一日一時間はかならず確保していたという。分刻みで動いていた彼にとって、一時間というのはひじょうに大きな時間だ。忙しいといいながら、どうやってそんな時間を捻出《ねんしゅつ》しているのか不思議に思ってしまうが、彼は、そもそもそういう考え方をしなかったのである。

ふつうの人は、忙しく仕事をしながら自分が自由につかえる時間の捻出方法を考える。ところが彼は、好きなテニスの一時間をなんとしてもつくるために、分刻みで仕事をしているのだと言い切った。

つまり、はじめに「自分の時間」を確保し、そこからスケジュールを調整してしまうのだ。それが彼を仕事に集中させ、ビジネスでも自分の能力を最大限に発揮させるエネルギー源になっていたのである。

というわけで、私たちも、一時間は無理でも、一日三〇分、「自分の時間」をかならず確保すると決めてしまってはどうだろう。どんなに忙しくても、このくらいの時間ならとれるはず。

はじめにそう決めてしまえば、それがちょっとした目標になって目の前の仕事に集中する原動力になる。

また、たとえ三〇分でも自由な時間があれば、そこでストレスも発散できるはずだ。すると、気持ちもリフレッシュされ、次の仕事にまた集中することもできるだろう。こうなると、集中力を発揮するためのいいサイクルが、自然とまわりはじめる。これが習慣になってしまえば、集中するのはさほどむずかしいことではなくなるはずである。

集中力アップの助走術・10

質のいい睡眠こそが集中力を高める

人によって、朝型、夜型と、集中できるスタイルはいろいろあるだろう。けれど、人の体のメカニズムに目を向けてみると、午前中のほうが集中できる条件はそろっている。

朝、目を覚ますと、体内ではカテコールアミンという物質の血中濃度が最大になっている。カテコールアミンとは、ドーパミン、ノルアドレナリン、アドレナリンという三つの神経伝達物質の総称だ。

集中すると、脳のなかではA6神経とA10神経の活動が活発になるが、そのとき消費されるのがカテコールアミン。集中力を支える神経をはたらかせるための燃料の役割をしている。午前中はこの燃料がたくさんあるから、頭がシャキッとして仕事もはかどるのである。

集中力を出すためには、このカテコールアミンという燃料が、なるべくたくさんあったほうがいい。では、どうすればカテコールアミンが生成できるかといえば、方法はいたって単純。しっかり睡眠をとることなのだ。

カテコールアミンは睡眠によって合成され、脳内に蓄《たくわ》えられる。朝にカテコールアミンの血中濃度が高くなっているのは、睡眠で蓄えられたものが放出されたから。あとはどんどん消費されていくだけなので、午後になるにつれて脳が疲れ、注意力が散漫になっていく。睡眠時間はなるべく確保して、エネルギーの補給につとめたほうがいい。

そうはいっても、睡眠時間がなかなかとれなくて、という人は少なくないだろう。しかし時間にこだわる必要はない。睡眠は八時間が理想などともいわれるが、この数字にはさほどの根拠はないし、個人差も大きい。じっさい、「昨日はよく眠ったはずなのに疲れもとれないし、なんだか集中できない」という日があるのではないのだろうか。

ようは、よくいわれるように、ベッドで横になって寝ている時間より、どれだけ質のいい睡眠をとったかのほうが大事なのだ。

たとえば、朝五時からはじまるテレビ番組に出演するあるアナウンサーは、毎晩一〇時に寝て、起床は三時半という生活を送っている。睡眠時間は五時間半だから、時間だけ見れば十分とはいえない。午後の仕事が中心のときより、明らかに睡眠時間も減っている。にもかかわらず、いまのほうが体調もよく仕事にも集中できているという。

これは、彼が寝入りをよくする工夫をしているから。彼は、寝る前にかならずお風呂に入って、体温を一回上げる。こうすると温度が下がるときにすんなり寝付けて睡眠が深くなるのだ。だから、朝起きたときはシャキッと目覚めて、集中して仕事に向かえる。質のいい睡眠で頭を十分休ませれば、カテコールアミンの補給もばっちりだ。

集中力アップの助走術・11

休日は徹底して遊び、生活にメリハリをつけよう

『声に出して読みたい日本語』の著者として知られる明治大学教授の齋藤孝氏は、土日にびっしりと遊びの予定を入れることをすすめている。

理由は簡単。休日を遊びの予定でいっぱいにしてしまうと、平日にやり残した仕事を、そこに入れることができなくなるからだ。

土日に仕事ができないとなれば、自然と平日の仕事に熱が入る。平日のうちに仕事を終わらせないと休日に遊べないという危機感があるので、仕事にも集中せざるをえなくなる。結果、平日の仕事はずっとはかどるようになるというわけだ。

さらに、平日は仕事、週末は遊びと明確な区切りをつければ、生活にメリハリも出てくる。「友達と映画を観にいく」「恋人とデートをする」「子どもと遊園地にいく約束をする」など、楽しい予定をたくさん立てれば、毎日の生活のなかで、はっきりとオンとオフの区別もついてくるだろう。このメリハリが、高い集中力を生み出すことにもなる。

逆に、「どうしてもできなかったときのために」と、週末を空けておくとどうだろう。つい「いざとなったら、週末やればいい」という甘えが出るため、集中力が低下する恐れがある。こうなると、気持ちがだらけて能率が落ち、ほんとうに、休日出勤というハメにもなりかねない。

やはり、仕事で大切なのは、集中力。だらだらやるのは、損なのだ。

思い起こせば、学生時代は、いまとちがって、十分

すぎるほどの時間があったはずだ。夏休みや冬休みなど、まとまった休みもとれたし、授業は、休みたいときに休むこともできた。

にもかかわらず多くの学生が、レポート提出に遅れたり、十分な試験勉強ができなかったりするのは、時間があり余っているからだろう。

しかしそんな学生でも、社会人ともなれば、かぎられた時間のなかで、仕事を片付けられるようになる。なかには、たいした休みもないのに、働きながら資格試験に合格する人もいる。

やはり時間というものは、ただあればいいというものではなく、つかい方が重要なのだ。

だから、もっと時間を有効につかって、集中力を高めたい人は、週末に思いきり羽を伸ばそう。メリハリがついて、リフレッシュできるだけでなく、「週末は野球観戦だ」と思えば、仕事や勉強をがんばるうえでの、楽しみにもなる。

集中力アップの助走術・12

集中力を発揮するには朝食は腹六分目

ある実験で、朝食を食べる派と食べない派の人たちを集め、簡単なテストをした。

指示にしたがって、三色のパネルを正しく上げるという、単純だが集中力が必要なテストだ。

テストは午前中に四回おこない、朝食を食べる派と食べない派とで、それぞれの間違えた回数を調べた。

いつも朝食を食べないチームは、一回目のテストで間違えた数は、一〇個ほどあった。食べているチームの間違いはその半分の五個。二回目になると、今度はどちらのチームも五個くらいで、間違いの数はほぼいっしょだった。

ところが、三回、四回とテストを重ねるたびに、朝食を食べないチームの間違いはどんどん多くなり、最終的には間違いの数は二〇個ほどまでいってしまった。

一方、いつも朝食を食べているチームは、間違える回数がはじめの五個からすこしずつ減っていったという。

自分は何をやっても長つづきしないとか、すぐ気が散って別のことを考えてしまうという人は、ふだん朝食を抜いていないだろうか。

先のテスト結果を見れば、朝食を食べる、食べないで、集中力に差が出るのはあきらか。

テストは四回ともおなじだから、回数を重ねるほど慣れていっていいはずなのに、間違いの差が目に見えて開いていった結果は無視できない。

二回目のテストで、どちらも間違える回数がほぼおなじだったというのは、集中力を発揮できるもともとの能力はおなじだったということだろう。

ということは、朝食を食べるか食べないかのちがいだけで、これだけの差が生まれたのだ。

朝はどうしても食欲がないという人でも、はじめはすこしずつでもいいから、何か口に入れてから会社へ向かうといい。

理想的には、食べる量は、腹六分目ほど。あまりお腹いっぱいになりすぎると、それを消化・吸収するために血液が胃の近くに集中し、脳まで十分にまわらなくなって眠くなる。朝食を抜いてお昼でまとめて食べると、午後は眠くなって脳のはたらきがめっぽう落ちるのは、そのせいだ。

脳にとっては、すこしお腹がすいているくらいのほうが、体がちょっとした生命の危機感を覚え、やる気を出して回転しはじめる。

暴飲暴食をせず、一日三食きちんと食べるというのは、なんの捻《ひね》りもないコツのようだが、集中力を発揮するためには、きわめて重要なことなのである。

集中力アップの助走術・13

集中できる体にはビタミンB_{12}が必要

スーパーの鮮魚コーナーにいくと、いまだに「サカナ　サカナ　サカナ～　サカナを食べると」頭がよくなると歌う『おさかな天国』が、えんえん流れていることがある。

歌で何度もリフレインされているように、じっさい、魚の油のなかには、ドコサヘキサエン酸やエイコサペンタエン酸という栄養素がふくまれていて、記憶力や学習能力を高める効果がある。最近は、脳のはたらきにかんする健康食品やサプリメントに「ブレインフード」と書かれているが、魚はまさに天然の「ブレインフード」といえるだろう。

ドコサヘキサエン酸がふくまれた魚のように、集中力を高める栄養素をふくんだ

「ブレインフード」があるならば、それを活用しない手はない。

一般的に集中力を高めるはたらきがあるといわれるのは、ビタミンB_{12}だ。これは、血液中の赤血球やヘモグロビンの生成にかかわる大事な栄養素。通称〝赤いビタミン〟といわれている。

ビタミンB_{12}がつくりだすヘモグロビンには、酸素を体のすみずみに運ぶ役割がある。その機能が低下すると、酸素が不足するので、体全体に倦怠感《けんたいかん》やだるさを感じるようになり、精神的にもイライラしたり、無気力になったりする。

どんなに集中しようと思っても、自分のコンディションがそんなふうではどうしようもない。集中するためのテクニックをいくら実践しても、体調の悪さの前にはなんの効果もないだろう。

ふだんの食事で、ビタミンB_{12}がふくまれた「ブレインフード」といえば、牛肉や豚肉、それにチーズや牛乳といった乳製品だ。ほかにはレバーや卵、海藻《かいそう》にもふくまれている。肉類はもちろん、乳製品や卵もいっさい食べないベジタリアンの人は、サプリメントで補給してもいい。また、お酒をよく飲む人も、なるべく意識してとることだ。

集中力を高めるには、ふだんの食生活もおろそかにできないのである。

集中力を確実にアップするポイント〈プロローグ〉

- ★ 自分が集中できている状態をよく知り、そのときの環境・体調・精神面などを記憶しておく。
- ★ 目標はすこし高めに設定し、さらに、「長期・中期・短期」と時間別に区切る。
- ★ 決定した目標は具体的に書き出し、公言することで集中力が発揮できる。
- ★ 仕事や勉強をはじめる前に、自分なりの気持ちの切り替えの「儀式」をつくっておく。
- ★ 通勤や通学時間は、集中力のウォーミングアップには最適と心得る。
- ★ 集中力を発揮するためには、自分の気分を「快」にしておくことが大事。
- ★ 予定を組むときは、先に「自分の時間」を確保することで、ほかの仕事への集中力も高まる。
- ★ 集中力を発揮するためには、良質な睡眠と規則正しい食事習慣が不可欠。

1章

◉脳力を全開にしたいあなたへ——

ノリが悪い時でもやる気を引きだす集中術

やる気がわく集中術・1

やる気がない時でも、まずは作業にとりかかれ

小説家や漫画家などの物書きには、自宅とは別に事務所を構え、そこで仕事をするという人が意外に多い。毎朝、憂鬱《ゆううつ》な気分と疲れた体をひきずって通勤しているサラリーマンからすれば、自宅でできそうな仕事なのにわざわざ〝通勤〟するなんて……と不思議に思われるかもしれない。

しかし、じっさいに自宅で仕事をしてみると、生活と仕事の境界線があいまいになって、集中するのがむずかしいこともある。むしろ、会社のように、〝その場にいくととにかく仕事をしなければならない環境〟があることは、集中力を発揮するためには大事なことなのだ。

エッセイストで漫画家の東海林《しょうじ》さだおさんも、仕事をするときは自宅から離れた仕事場へ〝出勤〟し、それから仕事にとりかかるという。どんなにやる気がない日でも、そうして仕事場の机に向かって仕事をはじめると、不思議なことにだんだんエンジンがかかってきて、集中力が高まってくるというのだ。

これは心理学用語でいえば、「作業興奮」が起こった状態といえる。

「作業興奮」とは、ドイツの心理学者E・クレペリンが指摘した有名な現象だ。人間の脳というのは、どんなに嫌《いや》だったり興味がもてないことでも、手をつけはじめることで刺激され、自己興奮し、そのうち集中力が高まってくる。はじめから集中して物事に取り組んでいなくても、やっていくうちに、「集中」があとからついてくるのだ。

最初はかかりの悪いエンジンも、何度かイグニッション・キーを回すうちにそのうちかかり出す。それとおなじで、とにかく手をつけはじめれば、やる気というエンジンはしっかり動き出すのである。

というわけで、なんだか今日は気分が乗らないなという日があっても、とにかく仕事をはじめてみることだ。とくに集中できるような環境を整《ととの》えたり、目標を立てたり、メンタル面に気をつかったり、段取りを工夫したりしなくてもいい。とにかくはじめることで、

脳に「作業興奮」の刺激を与えれば、しだいに乗ってくるのだから。

「頭で考えるな。肌でつかめ」とは、ブルース・リーが『燃えよドラゴン』のなかでいった名セリフだが、脳に気合を入れるには、小細工をするより、とにかく体を動かしてみることである。

やる気がわく集中術・2

開始前の「声出し」は意外と効果的だ

電車に乗ると、ホームで駅員さんが「前オ～ライ～」などといいながら指差し確認をしていたり、車掌《しゃしょう》さんが線路上の信号機などを指しながら、何かしら声を出していることがある。

指差し確認は、自分の行動に注意を向けさせるための行動だが、さらに声を出すことで、対象により注意を向けることができる。つまり、声に出す行為は、脳を覚《かく》醒《せい》させる合図のような役割があるのだ。

スポーツの世界でも、「声を出す」ことの重要性はよく指摘されている。チームプレーでおたがいの連携《れんけい》が必要な場面ではもちろんのこと、集中力が必要なときに、選手たちが無意識のうちに叫《さけ》んでいる姿などもよく見かける。

たとえば、元プロテニスプレーヤーの松岡修造氏は現役時代、試合の大切な場面になると、「集中！」と大きな声で叫んで、自分に活を入れていた。サッカー選手も、相手のコーナーキックのようなピンチの場面では、ピッチの上で気合を入れなおすように何かを叫んでいることがある。バレーボール選手もタイムアウトをとったあと、全員で輪になり、気合をひと声入れてからコートに戻っていく。彼らはみな、声を出すことで気持ちを切り替え、集中力を高めているのだ。

これは仕事や勉強にとりかかるときにも、おおいにつかえるテクニック。なかなかやる気が出てこないとか、ダラダラと時間ばかりかかって能率が上がらないときは、はじめる前に「さあ、はじめよう」と声に出していってみよう。ちょうど映画監督の「スタート！」の声とカチンコの音で、演技をはじめる俳優になったつもりでやれば、それまでいまひとつ乗り気でなかっ

た脳が自分の声で覚醒し、仕事や勉強に意識を切り替えることができる。

かける言葉は、「さあ、はじめよう」でなくても、「やるぞ!」でも「はじめるか」でも、女子レスリングのコーチのアニマル浜口氏のように「気合だぁぁ」でもなんでもいい。ようは、プラスの言葉であれば、どんなかけ声でもOKだ。

心のなかで唱えるだけでなく、声を耳から聞くことで、自分にプラスの暗示をかける効果もある。まわりの目が気になるようなら、会社に入る前につぶやいたり、トイレや人のいない廊下で小声でいってみてはいかが?

やる気がわく集中術・3

気ノリしない仕事は時間を決めて習慣化する

この本の読者のなかには、自分について「とにかくコツコツやるのが苦手なタイプ」と自己分析をしている人が多いかもしれない。

ダイエットに貯金、資格の勉強に期限つきの仕事……どれもはじめは気合を入れて取り組むのに、どうも長つづきしない。毎日すこしずつやって、習慣化してしまえばいいのはわかっているのに、なかなかできない。「あとでまとめてやろう」となって、けっきょく面倒になってやらなくなったり、「前からコツコツやっていたらなぁ」

などと後悔したりする……。

しかし、気乗りしないことを習慣化し、「継続は力なり」を実践するには、その人の性格云々《うんぬん》だけでなく、じつはちょっとしたコツがあるのだ。

フランスの哲学者で詩人でもあるポール・ヴァレリーは、毎朝、夜明け前に起床して、思いついたことをノートに書き留めるという課題を自分に課していた。これは、作品をつくるための、ネタ集めのようなものである。

自分で決めたこととはいえ、はじめはたいしたことも思いつかないし、気乗りがしなかった。しかし、その作業がしだいに習慣として定着するようになると、いままで思いもしなかったアイデアが浮かぶようになり、ノートの中身も充実してきたという。けっきょく、彼はこの作業を数十年、一日も欠かさずつづけることになった。

なぜ、ヴァレリーは、当初はやる気がなかったこの習慣を、数十年もつづけられたのだろうか?

ポイントは、彼が〝毎朝、夜明け前に起床して〟という具合に、時間を決めてやっていたところにある。習慣化というのは不思議なもので、毎日時間を決めておなじように行動していると、そのうち、それをしないとどうにも落ち着かない気分になってしまうのだ。

たとえば、誰にでも「朝は新聞を読んでから出勤しないと落ち着かない」とか、「昼食後は一服しないと食べた気がしない」とか、「毎週日曜日にジムにいくようになったら、いかない日は体がすっきりしない」などということがあるはずだ。

こうした習慣化の性質を、気乗りしない仕事や勉強にもあてはめてみよう。たとえば、資格の勉強を「毎朝、朝食の前にする」と決める。はじめはパラパラと参考書を見るだけで、それほどはかどらないかもしれない。しかし、とにかく朝食を食べる前にはかならず机に向かって、すこしでも手をつけるようにする。

それをしないと落ち着かないと思ってきたらしめたもの。そのうち、何の苦もなく、勉強に集中できるようになるはずである。

やる気がわく集中術・4

イヤな仕事は「今日だけ」と思って取り組め

スポーツ心理学者で、メンタルタフネスの世界的権威であるジム・レアー博士によれば、「人間は嫌なことでも一日くらいなら我慢できる動物」だという。

たしかに、日常生活のなかでも「〜だけ」という限定つきなら耐えられると思う場面は多い。たとえば、嫌味な部長にネチネチ文句をいわれたとしても、異動の辞令を受けて彼とも本日かぎりの付き合いと思えば、余裕で聞き流せる。残業も、毎日ではなくたまにならがんばれる。月一回の早朝会議も、ひと月にその日だけだから起きられる——。

レアー博士は、この「～だけ」という限定つきの考え方が、人のメンタル面にプラスにはたらきかける効果に注目。そして、嫌なこと、気が重いことにたいして集中しなければならないときは、たとえば「今日だけは、○○をやろう」と思ってはじめることをすすめている。

こういうと、嫌なことが「今日だけ」ではなく、明日もその次の日もつづく場合はどうするのか、と思われる人もいるだろう。

しかし、たとえ気休めにせよ、とりあえず「今日だけ」だと考えれば、その日を乗り切ることはできるのではないか。

毎日くり返されるようなルーティンワークや、気の進まない嫌なことを思い出してみよう。たとえばそれが、「毎朝六時に起きて八時までに出社する」ことだとする。

早朝出勤がこれから毎日つづくと思えば、自分には無理だとすぐ否定的な考えが起こってくる。そう思い込んでしまえば、毎朝六時に起きることなど、最初からできるものではない。

しかし、ベッドに入る前に「とりあえず明日だけは六時に起きるぞ」と言い聞かせてみてはいかがだろう。すると、「毎朝六時に起きることはできないかもしれないが、明日だけならできる」とすこしは気持ちが前向きになって、気分もずいぶん軽くなるはずだ。

このメッセージを応用すれば、集中してできる仕事や勉強がいろいろふえそうである。

やる気がわく集中術・5

仕事も勉強も制限時間を決めて着手する

たとえば、夕方から打ち合わせがあって、四時までには会社を出なければならないとしよう。目の前には、その時間までにどうしても終わらせないといけない仕事がひとつある。

　こういうときは、火事場のなんとやらで、ものすごい集中力を発揮して頭はフル回転し、時間までにほんとうにできあがってしまうことが多い。でき栄えも、ものによっては時間をかけて仕上げたときよりよかったりもする。あとがない状況に追い込まれると、人間は思わぬ力を発揮するのである。

　このように、時間的な制限があるときに生まれる緊張感は、集中するための素晴らしい原動力になってくれる。人間は、必要以上に緊張すると、不安や焦《あせ》りのほうが大きくなって、かえって目の前の作業に集中できなくなるが、それ以上に人間は怠《なま》け者にできているので、余裕があると思うと気がゆるみ、エンジンのかかり具合が遅くなる。〝時間〟という制限をひとつ設《もう》けることで、適度な緊張感が生まれ、やるべきことに打ち込めるのだ。

　仕事をしていても、注意力散漫で気分が乗ってこないときは、適度な緊張感をつくりだすことだ。仕事をはじめる前に、自分で「終わりの時間」を設定するのも、そのためのひとつの方法で、たとえ今日中に終わらせればいいことであっても、それより早めに終わりの時間を決めてしまう。こうすれば、何も制限を設けないときより、ずっと集中力が高まることは間違いない。

これには、仕事の能率が上がるだけでなく、ほかにもメリットがある。

たとえば「この仕事を四時までに終わらせよう」と決めた場合、それが気の進まない仕事であれば、「とにかく四時までは我慢して取り組もう」という気分になる。イヤイヤながらという気分は変えられなくても、その時間がきたら終わると思えば、とにもかくにもその仕事をはじめることはできるはずだ。前述の「今日だけ」という限定つきの発想とおなじである。

ただし、気をつけたいことがひとつある。それは、やるべきことが時間のかかりそうなことだったとしても、とりあえず自分で決めた「終わりの時間」までに、なんとか形をつくってしまうこと。調べ足りない部分があるとか、気に入らない点があったとしても、とにかく最後までやってしまうのだ。

そうしないと、自分で決めた制限時間を、自分でい

つの間にか変えていたりする。「途中で邪魔が入ったし、五時までにのばそう」などと変更すれば、ずるずると引きずられる可能性もあるので要注意だ。

やる気がわく集中術・6

全体を細分化し簡単なところから手をつけよ

集中してテキパキ仕事を終わらせたいと思っているのに、いつの間にか集中力をなくすようなやり方にハマっていることがある。その危険な進め方とは、ひとつの仕事をヨーイドンで頭から順番に片づけていく方法。期せずして、やる気を失わせる落とし穴になることがあるので要注意だ。

戦後すぐにロケット開発を再開し、日本の宇宙開発に目覚ましい足跡を残した糸川英夫博士といえば、ある年代以上の人には、大ベストセラー『逆転の発想』の著者として、あるいはチェロ演奏もできる多芸多才の博士として有名だ。ここでは、糸川氏のチェロの練習法に注目してみよう。彼のやり方には、集中力をじょうずに引き出すヒントが、隠されているのだ。

糸川博士は、新しい曲の練習にとりかかるとき、まずは理系の頭脳らしく（?）全体の小節数を数えたという。しかし、ただ数えておいてふつうに練習するのでは意味がない。博士はその数えたものをさらに細分化した。たとえば一曲が三二小節から成り立つ曲であれば、それをさらに細かく一小節ごとに分ける。そして一日一小節練習すると決めてとりかかったのである。この場合なら、ひと月ちょっとで一曲弾けるようになるという計算である。

ユニークなのはこれだけではない。彼は区切った小節を最初から練習するのではなく、いちばん簡単なところから手をつけたのである。ちょっと音楽をかじった人なら、曲には流れがある、という理由で、最初の小節から練習しはじめるだろう。しかし、これが落とし穴。途中でつっかえてしまうと、なかなか先へ進まない。はじめはがんばっても、だんだん嫌になってきて、集中できず、最後には投げ出してしまうことになりかねない。

糸川博士のように、「できるところから手をつける」

という発想は、心理学的に見ても理にかなっている。心理学用語でいう「成功体験」を毎日していることになるからだ。人は自分にはできたという思いがあると、安心感や自信が生まれる。それが物事をうまく進める強力なエネルギーになるのだ。

集中力がないと思っている人は、自分の取り組み方を思い起こしてみるといい。一から順番に片づけないと気がすまない、なんて思い込んではいないだろうか。そうであれば、その発想法を、この際、思い切って捨ててみる。そして、全体を細分化して、いちばんやりやすいところからはじめてみよう。

一部分がうまくいけば、それが成功体験となって、次の部分もまた集中して取り組める。それをくり返すうちに気がついたらすべてが予定どおり終了！　大満足して、次の仕事にもやる気をもって取り組めるはずだ。

やる気がわく集中術・7

ヘタな「ごほうび」は集中力低下のもと

馬を走らせるには、ムチで叩《たた》くより、目の前にニンジンをぶらさげたほうが簡単だとよくいわれる。

たしかに、この仕事が終わったら飲みにいこうとか、週末は海外旅行だなど、なんらかの〝ごほうび〟が待っていれば、集中して目の前のことに取り組めるものだ。最近は〝自分へのごほうび〟なんていう言い方がすっかり市民権を得ているが、やる気は、興味があることや目標を立てるだけでなく、快感やお金、栄誉《えいよ》といった報《ほう》酬《しゅう》によっても呼び覚まされるのは事実だろう。

ところが、ここに報酬とやる気の関係を調べた興味深い実験がある。社会心理学者のE・L・ディシが大学生を集め、全員にパズルを解かせて集中力のチェックをしたものだ。

テスト期間は三日間。まず一日目は、全員におなじようにパズルを解かせた。しかし二日目になると、大学生をふたつのチームに分け、一方のチームにはパズルの正解ごとに報酬を与え、もう一方のチームには与えなかった。そして最後の三日目は、どちらのチームにも報酬を与えずに、パズルを解かせたのだ。この三日間の実験期間中、全員部屋を出ることを許されなかった。

さて、結果はといえば、もっとも集中力を発揮したのは、二日目に報酬を与えられたチームだった。しかし、次の三日目におもしろいことが起きた。報酬を与えられなくなったとたん、二日目に報酬を与えられたチームのなかで、パズルを投げ出してやらなくなった学生がふえたのだ。

一方、報酬を二日目も与えられなかったチームは、パズルを解く興味は失せず、全員が一日目とおなじようにパズルに集中していた。報酬が三日目になくなったチームのような興味の低下は見られなかったのである。

つまり、ごほうびには一時的な効果はあっても、それがなくなったりすると、そのあと集中力がとたんに落ちてしまうということである。もともとあった興味ややる気、集中力が、ごほうびを与えることで落ちてしまっては、なんのためのごほうびかわからない。いや、ごほうびを出しつづけたとしても、慣れてしまえば魅力も失せて、やはり集中力の低下にむすびつく可能性だっておおいにある。

というわけで、心理学の世界では、ほんとうのやる気を引き出すには、アメを与えられるような「外発的動機づけ」より、行動すること自体に楽しさや満足感を見いだす「内発的動機づけ」のほうが、長い目で見ると量的にも質的にも高い成果をあげることがわかっている。

やる気と集中力アップにごほうびを役立てようと思ったら、その取り入れ方には十分注意して、知らないうちに悪循環《あくじゅんかん》にはまってしまわないようにしたい。原則としてごほうびは不要、くらいの心積もりでいたほうが、けっきょくは身のためかもしれません。

やる気がわく集中術・8

仕事や勉強の合間には「小さなごほうび」を用意

前項でも述べたように、自分に「ごほうび」を与えて集中力を発揮するテクニックは、原則としてあまりおすすめできない。報酬がなくなったときに集中力がダウンする可能性が高く、効果も意外と持続しにくいところがあるからだ。

とはいえ、「ごほうび」は、つかい方によっては、集中して仕事や勉強をしたいときのカンフル剤になることは否定できない。

ポイントは、ごほうびの〝大きさ〟と、自分に与える〝タイミング〟だ。すべての仕事をやり終えてから、「大きなごほうび」をポンとひとつ自分に与えるのではなく、仕事の合間合間に、「小さなごほうび」を用意しておくのである。さらに、その「小さなごほうび」は、「義務化した休息」にならないように、自分にとってほんとうにうれしいことでなければならない。

仕事や勉強の合間に、「休息」をとることの大切さは、よくいわれている。コーヒーを飲んだり、トイレにいったり、ソファに寝転んだりして、疲れた脳と体をリフレッシュしている人は多いはずだ。脳と体をこまめに休めることで、ふたたび作業にとりかかったときに効率よく進められる。

しかし、こうしたただの「休息」は、それが〝義務〟になってしまうときがある。たとえば、「一時間ごとに一〇分休憩しよう」と決めたとすると、休憩前の一時間が集中できていなくても、時間がきたからといって休んだりする。思ったような気分転換にならず、かえって集中力が切れてしまうこともある。

これでは、休憩の意味がないことはいうまでもない。区切りは集中力を発揮するのに必要だが、作業中は脳をしっかりはたらかせたいもの。そうした本番のやる気を引き出すのに効果的なのが「小さなごほうび」なのだ。

それには、自分がやってほんとうに楽しいことや、うれしいことでなければならない。そういうお楽しみが待っていると思えば、目の前の仕事にも精を出せる。買ってきたおいしいおやつを食べようとか、マンガの

つづきを読もうなど、手が届きそうなところにニンジンをぶらさげておくのである。

こうした「小さなごほうび効果」は、古くから指摘されている。たとえば、アメリカでベストセラーになった『記憶力増進の十日間』の著者、ジョイス・ブラザース氏も、どうしても乗れない仕事や勉強をするときは、気の乗らない作業そのものをコマ切れにし、そこにサンドイッチの具のようにして報酬を入れるといいといっている。

もちろん、「小さな」報酬なのだから、その場で短時間にでき、本業を邪魔するほど夢中になりすぎないものであることを忘れずに。

やる気がわく集中術・9

机の上を片づけるだけでも、やる気はわく

資格試験が近づいている。机の前に座った。でもやる気が出ない。昨日のつづきが終わったら、ごほうびにおいしいケーキを食べようと思っても、まだやる気が起きない。いや、はじめてしまえば脳が興奮してきてやる気がわいてくる……とは思ってみるものの、参考書を開くのもおっくうだ……。

こんなふうに、はじめる準備はすっかり整《ととの》っているのに、肝心の作業になかなか手をつける気になれないときがある。そんなときは、簡単な集中力のウォーミン

グアップをしてみよう。といっても、特別なことをするわけではない。目の前の机の上を片づけてみるのだ。

前に、集中力を発揮させるテクニックのひとつとして、通勤電車のなかでのウォーミングアップ法を紹介したが、今度はそれのオフィスや室内バージョンだと思えばいい。室内では、じっさいの作業に入る前に机をきれいにすることが、集中力を発揮するための最適のウォーミングアップになるのだ。

よほどきれい好きな人でないかぎり、机の上は、資料や雑誌などが山積みになっていたり、ペンが散乱していたりするものだ。つかわない場所にはうっすらとホコリが積もっていたりもする。その雑然とした机の上にあるものを、まずはきちんとあるべきところにしまってしまおう。そして、雑巾《ぞうきん》で汚れた机をきれいに拭く。

これだけで机はかなりきれいになって、気分もすっ

きりする。こうなると、ほかにやるべきことは仕事以外になくなる。いやでも作業にとりかからざるを得ない環境をつくってしまうのだ。雑然とした机を前にしてボーッとすることは簡単だが、きちんと整えられた机を前にしてダラダラ何もしないでいるというのも、意外とむずかしいものだ。

それに、机を片づけるという作業をするときも、あの雑誌をどこにしまって、この本は棚に入れて……などと、じつは脳をつかっている。こうして知らないうちに刺激を与えることで、脳はここちよい興奮を感じている。その興奮がやる気を引き出し、そうじが終わったときには、脳のほうも準備ＯＫで、すんなり作業に入れるというわけだ。

やる気がわく集中術・10

やる気に欠ける時は意識して体を動かせ

歩くことが脳を覚醒させ、そのはたらきを活発にするというのはよく知られている。歩くことで血流がよくなるのもひとつの理由だが、下半身に多い遅筋《ちきん》といわれる筋肉が収縮することで、それが強い刺激となって脳に伝わり、脳の活性化を促進させるともいわれている。遅筋が集まる下半身を動かせば、脳を効果的にはたらかせることができるのだ。

たしかに、古代の哲学者たちを見ても、考えることと歩くこととは無縁ではなかったようだ。古代ギリシアには歩きながら弟子たちと対話する哲人が多かったし、ソクラテスやプラトンもやはり歩きながら講義をしたといわれている。京都にある「哲学の道」も、近代日本の代表的な哲学者・西田幾多郎《きたろう》や経済学者の河上肇《はじめ》がよく歩いて、思索《しさく》にふけったところから名づけられたものだ。

というわけで、仕事や勉強をやる気がなくなってきたら、いつまでも机にへばりついていないで、散歩に出てみるのもいい。

しかし、仕事中だとそう簡単に外へ出られないことも多いだろう。そういうときは、伸びをするでも、屈伸するでも、手足をぐるぐるまわすでもいいから、体のどこかを意識的に動かしてみよう。

脳生理学では、下半身の筋肉にこだわらなくても、体の筋肉を動かせば、脳には刺激が送られることがわかっている。筋肉のなかには筋紡錘《きんぼうすい》という知覚神経の末端部があって、筋肉が運動で緊張すると筋紡錘が刺激される。その刺激がすぐに脳に送られて、脳を目覚めさせるのだ。だから、どうもやる気が出ないなと思ったら、とりかかる前に、体を意識的に動かして脳を覚醒させてやろう。

体を動かすことには別の効果もある。たとえば、パソコンに長い時間おなじ姿勢で向かっていると、肩が凝《こ》ったり腰が痛くなったり、体に疲れがたまってくる。疲れた体では集中力も落ちる。だから意識して体を動かし、かたまった筋肉をほぐしてやる。体に活力が戻れば、心のエネルギーも再び戻ってくるはずである。

やる気がわく集中術・11

「ライバルに負けた自分」を想像してみよ

近頃は、運動会のかけっこで走った全員を一等賞にしたり、通知表が相対評価から絶対評価になったりと、競争自体をあまり好まない風潮があるようだ。とはいえ、やる気を引き出すためには、人間にもともと備わった闘争本能を利用するという方法もある。身近なところで「あいつには負けたくない」と思えるような「ライバル」を思い浮かべて、発奮材料にしてしまうのだ。

心理学者の多湖《たご》輝《あきら》氏は、その昔、旧制中学の学生時代、気の乗らない受験勉強に集中するために、ライバルを徹底的に利用したという。ちょうどそのとき、彼にはおなじ高校を受験する成績のいいライバルがいたのだ。

しかも多湖氏は、そのライバルの姿をただ思い起こすだけではなかった。非常にリアルな想像をしたのである。

当時の中学生にとって、旧制高校生は憧れの的。白線の帽子に黒マント、足元はほお歯の下駄《げた》という粋《いき》なスタイルで闊歩《かっぽ》するのが夢だった。

そこで多湖氏は、自分は入学試験に落ちてしまい、そのライバルの彼だけが合格して、旧制高校生スタイルで街をゆうゆうと歩く姿を思い描いた。すると、悔しい、負けるものか！　という闘争本能がわきおこり、がぜん、受験勉強に打ち込むことができたという。

いまなら、自分が試験に落ちたなんてマイナスなことを考えるのはよくないとか、イメージトレーニングはプラスのことだけを考えたほうがいいなどと反論されそうだ。けれども、自分にとって現実味のあることのほうが、やる気を引き起こす発奮材料になり、プラスに作用する場合もある。

多湖氏の場合は、相手に打ち勝ったときの輝かしい

姿より、負けたときの自分のみじめさのほうが、やる気を引き出す原動力になったのである。〝ごほうび〟ではなく、一種の〝罰〟を背後におき、そうならないようにしよう、と自分を奮《ふる》い立たせたわけだ。

そんな青春ドラマに出てくるような、さわやかなライバル関係は思いつかない、という人でも、ちょっと別の視点を加えれば思い浮かべる人物が出てくるのではないか。

たとえば、自分より明らかに立場も能力も下だと、じつは心のなかで思っている人――まさかコイツが自分より先に昇進するはずはないだろう、なんて油断している相手に先を越されたら……。そう想像してみれば「あいつにだけは負けたくない」「そんなのに負けてるってどうよ」などと、おおいに奮起するのでは？

少々えげつないライバルのつくり方ではあるが、ご参考までに。

やる気がわく集中術・12

嫌いなものにこそ無理してでも関心をもつ

好き、嫌いの感情は、やる気とストレートにむすびついている。「好きこそものの上手なれ」とはよくいったもので、興味や関心のあることは努力しなくても集中できるし、能力や技能をどんどん高められる。じっさい、自分の趣味にかんすることだと、妙に細かいことまで知っていたりもする。

一方、あることにたいして「嫌い」という感情を一度もってしまうとやっかいなことになる。好きで熱心に取り組む行動とは、まるっきり逆のベクトルがはたらいてしまう。

当然、はじめからやる気は起きないし、取り組んでも注意力が散漫で、やっていることも身につかない。趣味にかんすることなら「興味がない」のひと言で終わらせられるが、仕事や勉強ではそうもいかない。

だからやる気を出したいときは、できるだけ「嫌い」という感情を排除し、その対象を「好き」になったほうがいい。興味と関心を積極的に引き出すだけで、どんなことでも結果的にいいパフォーマンスができる。

では、どうすれば「嫌い」という、ある意味本能に近いような感情を、正反対の「好き」に変えられるか？

ある心理学者によれば、それは「無理にでも関心を

もってみること」だという。なあんだと思われるかもしれないが、意外と効果的な方法なのだ。

その心理学者は、じつは子どものころからヘビが嫌いだった。しかし、過去にヘビに何かをされた記憶はない。通説では、太古《たいこ》の昔、人間がヘビに悩まされてきたときの記憶が潜在意識に残っているから、などといわれているが、現実にはヘビが嫌いではない人たちもいる。

そこで彼は立ち止まって考えてみた。潜在意識に左右されていては、ただの毛嫌いとおなじでヘビに失礼だと。そこで発想をちょっと変えた。自分が嫌っているヘビはいったいどんな動物なのかと、くわしく調べはじめたのである。

もちろんこの時点では、彼はまだイヤイヤながら資料にあたっていた。けれども、ヘビにかんする文献を読み、神話に登場する話を読み進めるうちに、だんだん恐怖心がうすらいできたという。そして、最後には、「好き」とまではいかなくとも、「嫌い」という感情はなくなっていたという。彼は、自分から積極的に関与することで、ヘビにたいする苦手意識を克服《こくふく》したのである。

そもそも「嫌い」の感情には、すぐあげられるような明確な理由はなく、たんなる食わず嫌いであることが少なくない。嫌な仕事も「嫌い」のひと言で終わらせず、無理にでも関心をもってみるといい。先の心理学者のように、なんで自分は嫌いになったのか、というところから入るのもいいだろう。「嫌い」という感情をコントロールできれば、怖いものはなくなるはずである。

やる気がわく集中術・13

気ノリしない仕事・勉強は「ゲーム化」する

プロ棋士の羽生善治《はぶよしはる》さんは、日常生活のなかでは将棋のときほど集中する場面はほとんどないという。そしてやはり、将棋は好きだからこそ飽《あ》きずに長くやっていられるのだろうと自分自身を分析している。集中力が命ともいえるプロ棋士の口からこういう話を聞くと、やはり「好き」の感情は、集中力を発揮する大きなパワーになるのだと、あらためて思わせられる。

しかし、羽生さんが将棋を指しているときは、つねに集中できているかといえば、じつはそうではない。楽しい局面では集中できるが、一方的に攻められている局面では楽しくないし、集中できないというのだ。たとえ好きなことをやっている最中でも、じつは乗らないときがあるのである。

もちろん、乗らないままでいては、その将棋は負けてしまう。では、羽生さんはどうするのかというと、いわゆる〝奇手〟を放って、おもしろい局面や考えがいのある局面にもっていく。楽しくて調子のよかった状態を、自分の力でもう一度つくり出すのだ。そのときは劣勢《れっせい》におかれていたとしても、やりがいのある局面にもっていく〝みずからゲームを動かす感覚〟が、途切れた集中力をふたたび引き出しているのである。

この羽生さんのやり方は、乗らない仕事や勉強をしなければならないときにもおおいにつかえる。たとえば、おしつけられた仕事や義務感からする勉強は、集中しようと思ってもむずかしい。「いやだ」という感情を「楽しい、好きだ」というプラスの感情に変えようと努力しても、うまくいかないだろう。

そういうときは、自分が積極的に参加していると思える環境を、羽生さんのようにつくるといい。そのもっとも簡単な方法が、仕事や勉強を「ゲーム化してみる」

というものだ。

たとえば、毎日くり返される伝票整理も、一日でこれだけ終わったら一勝とする、などとクリアすべき目標を定めて○×で勝敗表をつくるとか、嫌いな英語も、映画で聞き取れたセリフがひとつあったら五点、などと点数をつけていってもいい。

ちょっとアイデアを出してゲーム化することで、「つまらない」を「楽しい」に変え、「やらねばならない」を「自らやっている」との意識に変える。そうしてやる気を引き出すのである。漫然と取り組むより、はりきって作業に集中できるはずだ。

やる気がわく集中術・14

新しい道具は不思議とやる気を引きだす

デジカメやパソコン、ケータイなどの新製品が発売されると、すぐにつかってみたくなるのが人情だろう。どんなものでも新しいモノは新鮮味があるし、道具にたいする興味も自然とわいてくる。

たとえば、カメラ付きの携帯が出回りはじめたとき、どうでもいい写真を撮って、友人に送っていた人は多かったはず。もちろんそれも慣れてくると、じょじょに関心がなくなってくるものだが、新しい道具が人の興味をかきたてる威力の大きさには、あなどれないものがある。

じつは、こうした道具にたいする関心の有無は、その道具をつかっての作業のやる気とも深くかかわっている。道具に関心があれば、やる気も増す。道具を熱心につかうことによって、心理学でいうところの「自我関与」が高まり、作業にたいする集中力がアップするのである。

たとえば、新しくゴルフのクラブを買ったとする。それも少々奮発して性能のいい高価なクラブだ。そんなスグレものを手にすれば、すぐにでもつかってみたくなるのが当然。さっそく打ちっぱなしで試してみると、それまでのスランプがウソのように調子がいい。やはりクラブはいいものを買うべきだなぁ、などとホクホクしながら家へ帰り、それからは練習が楽しくなり、あっという間に上達した――。

こんな話をしばしば耳にするが、これは、お気に入

りのクラブを手に入れたことで、やる気や集中力が高まり、パフォーマンスの質がアップしたということである。もちろん、ゴルフの腕前が上達したのは、クラブの性能のせいということもあるが、それ以上に、道具を新しくしたことで「自我関与」が高まり、やる気を引き出したことが大きい。

これが、安物のクラブで我慢している場合だったらどうなるか？　おそらく、あまり熱心に練習したいと思う気力は起きないだろう。スランプにおちいっていたとしても、安物のクラブだし、結果はこの程度だろうなどと、勝手に妥協してしまうかもしれない。

というわけで、仕事でも、集中力を高めるには、道具を新しくしてみるといい。パソコンや電卓、バインダーやペン……。新しい道具への興味やつかってみたいという意欲が、それをつかう作業へのやる気につながっていくはずである。

やる気がわく集中術・15

困難なテーマとの正しい〝つき合い方〟とは

「来週までに企業年金についてちょっと調べてこい」――上司から突然、こんなことをいわれたとする。企業年金なんてあなたはすこしも興味がない。けれども来週までに報告書をつくらなければならない。とりあえず、書店に足を運んでみたものの、年金の本は山のようにあって、どれを読めばいいのか見当もつかない。こういうときは、集中するもなにも、ただ呆然《ぼうぜん》としてしまうものである。

そうしたむずかしいテーマの仕事や勉強に取り組むときは、〝出合い方〟に注意したい。食べ物でも芸術でも何でもそうだが、はじめに出合ったものが、まずかったり、難解でとっつきにくかったりすると、その後まったく縁がなくなることが多い。そうなると、たとえば「ナマコ」と聞くだけで「やめてっ」などと拒否反応が出たりする。やらねばならない仕事や勉強で、そんな拒否反応が出てしまっては、集中することはむずかしい。

では、困難なテーマの勉強や仕事との出合いのコツは何かというと、脳と体が受け入れやすいものに手をつけること。具体的にいえば、いきなり気合を入れて分厚い専門書に取り組むのではなく、やさしく書かれた薄い入門書を選べばいい。

地球物理学の権威で科学雑誌『ニュートン』の編集長だった故・竹内均氏も、入門書の重要性を指摘し、それも「できるだけ薄いものを選ぶべし」と言い切っている。

たとえば「脳内物質」について調べるのなら、いきなり「脳内物質について書かれた本」を読むのではなく、まずは「脳のしくみ」についての簡単な入門書を読んでみる。おそらく、「脳のしくみ」についての本で「脳内物質」についてふれているのは数ページだろうが、最初はそれでいい。そうやって、脳と脳内物質の〝位置関係〟を知ることがまずは重要なのだ。

さらに、そうした入門書も、一冊だけ読んで終わりというわけではない。竹内氏も、一冊読んだだけで中級以上の専門書に手をつけるのは無謀《むぼう》といっている。入門書は全体をおおまかに把握するためのものだから、はぶかれている点も多い。しかも、やさしくするために比喩《ひゆ》をつかってはいても、その比喩自体がかえってわかりにくいものもある。

これ一冊で完璧といえる入門書はないと心得て、二〜三冊に目をとおすこと。そうしてこそはじめて全体像がきちんとつかめてくる。

それから中級以上の専門書に手をつける。おおまかな骨格がわかっているので、細かい説明も頭になじみやすく、仕事や勉強もはかどるはずだ。

やる気がわく集中術・16

本当に気ノリしない時は何もしない

「鈴木メソッド」という言葉を聞いたことがありますか?

これは、幼児教育の権威で、バイオリニストの鈴木鎮一《しんいち》氏が開発した世界的にも有名な演奏法のこと。その内容は人の生き方や物事に取り組む姿勢などにまで及び、人生教本ともなっている。

その鈴木メソッド創設者の鈴木氏が、昔バイオリン教室で子どもたちにバイオリンを教えていたころ、あるひとつのことを心がけていたという。それは、子どもたちが自ら弾きたいと思うまで、バイオリンにさわらせない、ということだった。

しかし、最初は弾きたがらなかった子どもも、教室にいてほかの子どもが弾いているのを見ているうちに、だんだん弾きたくなってくる。そして子どもたちの〝精神的飢餓《きが》〟がもっとも高まったところで、はじめてバイオリンをさわらせる。こうして自分でやる気をもつようになった子どもは、親からやる気を強要された子どもより、はるかに上達が速いという。

人間には誰しも、自分を向上させたいとか、社会のために役立ちたいという、社会的な欲求がある。そして、それが満たされないと〝精神的飢餓〟が起こる。

そこで、どうしても目の前の仕事に乗らないときは、これを応用して、自分のなかの〝精神的飢餓〟が高まるまで、あえて仕事に手をつけない方法もある。自分のなかから強力な意欲がわきでてくるまで、中途半端にやらず、放っておくのだ。

『堕落論《だらくろん》』で有名な作家の坂口安吾は、大学に入学して猛勉強をはじめる前、東京の下北沢の小学校で代用教員をしていた。そのとき彼は、徹底的に何もしない生活を自分に課したという。怒らぬこと、悲しまぬこと、憎まぬこと、喜ばぬことをモットーに、行雲流水《こううんりゅうすい》のごとく生きようと決意したというのだ。

しかし、じっさいの生活はどうだったかといえば、強く決意しなくても、簡単に達せられてしまうようなものだったらしい。下北沢といえば、いまは若者でにぎわうおしゃれな街だが、当時は田園と林が広がるのどかな世界。日々、安穏《あんのん》としたものので、ふつうにしていれば満ち足りた生活を送ることができたのだ。

けれど、そのことが彼に〝精神的飢餓〟をもたらした。大学に受かるや、あとはがむしゃらになって厳しい求道生活を送ったのだ。

悟《さと》りを開くためにインド哲学を勉強し、睡眠時間は一日四時間。早起きして仏教書や哲学書を読みふけり、眠くなったら井戸水をかぶる。そんな生活をつづけるうちに彼は神経衰弱《すいじゃく》におちいり、こんどはそれを克服するために、サンスクリット語やパーリ語、フランス語やラテン語など、語学習得に没頭する。こうしたすさまじい生活を一年半もつづけたという。

自分の内から起こる意欲のエネルギーとはすごいものだ。安吾ほど極端に走らなくても、やらなければならない仕事が乗らないときは、すっぱりあきらめて〝精神的飢餓〟を待つこともひとつの方法である。

やる気がわく集中術・17

ノッている仕事はあえて「途中で中断」する

ひとつの仕事を完成させるとそこで気がゆるんでしまい、次の仕事にとりかかるのに時間がかかる——そんなタイプの人に、おすすめの裏ワザを紹介しよう。たとえば、そろそろ会社の終業時間で、いまやっている仕事もあとすこしで終わりそうというとき、その仕事をあえて仕上げず、途中で「中断」してしまうのだ。

やり終えずに中途半端に切り上げるなんて、家に帰っても気になって仕方がないと思うかもしれない。しかし、意図的でなく、そうなってしまった状況をちょっと想像してみよう。

終電までに終わらそうと思っていた仕事が思ったようにはかどらず、中途半端なまま会社を飛び出たとする。電車に乗っても、家に帰っても、頭のなかでなんとなく気になっている。翌朝起きれば、なるべく早く出社して仕事にすぐとりかかりたいと思うだろう。ふだんはなかなかやる気が起きない人でも、早く仕事をはじめたいという欲求が、自然と出てきているはずだ。つまり、意図的な中断は、そうした状態を自分でつくりだそうというわけである。

時間内に終わりそうな仕事があれば、仕上げる手前で終わりにする。そうすれば翌日は、前日残しておいた仕事が気にかかって、がんばらなくてもすぐ仕事にとりかかれる。また、あえて残しておいた仕事に手をつけることは、仕事全体にたいしてのいい助走効果にもなる。残しておいた仕事がスムーズに終わるので、その流れにのって次の仕事にもさっととりかかれるということもあるだろう。

これは「やり終えたい」というメンタル面の作用を大きく利用した集中力のテクニックだが、じつは頭のなかでも集中力がすばやく生まれる環境が整っている。

人は集中して作業に取り組んでいるとき、頭のなかは、ある種の緊張状態になっている。仕事が終わればその緊張はとける。ところが一時的に作業を中断すると、緊張が頭のなかに残るのだ。つまり、あえて中断をすることで、頭は集中できる状態をキープしていることになる。だから再度とりかかったときに、すんなり集中できるのである。

毎回やっていると脳も疲れてしまいそうだが、最近、集中できていないなというときにでも試してみてはいかがだろう。

集中力を確実にアップするポイント〈1章〉

★ たとえやる気がわかない日でも、とにかく作業にとりかかれば、いつの間にか集中できる。

★ 気乗りしない作業は、毎日決まった時間におこない、「習慣化」する。

★ 作業の制限時間を決めると、適度な緊張感が生まれて、集中力が高まる。

★ 全体を細分化して、できるところから手をつければ、やる気がわいてくる。

★ 作業にたいする「ごほうび」は原則として不要だが、合間に「小さなごほうび」を用意するのは有効。

★ 気分が乗らないときは、体を動かして、その刺激で脳を目覚めさせる。

★ 「ライバルに負けた自分」を思い起こすことで、自分を奮起させる。

★ 気乗りしない仕事や勉強も、「ゲーム化」すれば、楽しく取り組める。

★ 新しい道具を用いることが、作業へのやる気を誘い、集中力を高める。

★ どうしても気分が乗らないときは、無理にやらないことも大切。

★ 乗っている仕事は、あえて中断して、翌日以降の「助走」効果を狙う。

2章

気が散る原因をスパッと解消する集中術

◉集中できる最高の環境にしたいあなたへ——

気が散る人の集中術・1

自分好みの「作業スタイル」をもちなさい

少々のことでは気が散らない。そういう人は、たいてい自分なりの〝集中できるスタイル〟をもっているものだ。逆にいえば、そういうスタイルをもつことは、気が散ることの最大の予防策ともいえる。

では、どうすれば、そういうスタイルが身につくのか?

結論を先にいうと、そのスタイルはあなた自身が好きなように決めていい。落ち着ける部屋のインテリアが人それぞれちがうように、ある人にとってはものすごく集中できる環境も、別の人にとっては落ち着かないということはよくある。集中できるスタイルは、自分で発見するしかないのだ。

毎日コツコツ原稿を書きつづける作家には、独自の執筆《しっぴつ》スタイルをもっている人が多い。たとえば、推理作家の江戸川乱歩《らんぽ》の執筆スタイルは、一風変わっている。執筆場所はどこかというと、「土蔵《どぞう》のなか」。時間帯はいつかといえば「深夜」。そして「周囲にヌード写真や怪奇なものを置いて」執筆したという。

まわりから見ればちょっとギョッとしそうな空間だが、いかにも乱歩作品が生まれてきそうなスタイルではないか。すっきりした書斎で早朝から書きはじめては、名探偵・明智《あけち》小五郎《こごろう》の動きもぎこちなくなってしまいそうである。

もちろんこれはあくまで乱歩独自のスタイルであり、これが彼にとっては非常に集中して仕事にとりかかれる環境だったということである。このスタイルのなかに一歩入れば、彼は条件反射のように精神が研《と》ぎ澄《す》まされたのだろう。そして、私たちもそういう自分なりの「スタイル」をひとつもっておくと、気が散ったときもイライラせずに、落ち着いて対処できることはいうまでもない。

集中しようと思ったときに瞬時に意識を高められ、集中力が持続できる自分のスタイルを見つけるには、最低限決めておきたいポイントが三つある。それは、「場所」と「時間帯」、そして「作業をするときの姿勢」だ。これがスタイルを決めるときの基準になる。

あなたなりのスタイルをぜひとも見つけていただきたい。

気が散る人の集中術・2

「自分のスタイル」にこだわり過ぎてもダメ

集中できる「自分のスタイル」をつくることはとても重要だが、ひとつだけ気をつけたいことがある。それは、自分のスタイルにこだわりすぎないということだ。

もちろん、先に述べたように、気分が落ち着ける環境を自分で知っておくことは大切だが、そうした環境はつねに整《ととの》えられるものではなく、変化するものだと頭のすみにでも留めておいておいたほうがいい。「自分のスタイル」にこだわりすぎるとマイナスになる場合があるからだ。

たとえば、自分が集中できる場所は「しゃれたカフェ」で、時間帯は「お昼すぎ」、作業をするときの姿勢は「ノートパソコンを開いて右手にブレンド」という自分スタイルがばっちり決まっているとする。そうした環境が整うと、会社では思いつかないような企画が浮かんだり、うまくいかないと思っていた仕事の段取りがパッと見えたりするのだ。

ところが、ある日、上司から突然「おい、昼までに企画何本か出せ」などと無謀なお達しが出た――。

そんなとき、自分のスタイルにこだわりすぎると大変である。企画を考えてきます、などと突然カフェには出かけられない。けれども雑然とした会社のなかでは気が散って妙案がまったく浮かばない、あの環境さえ整えばなぁなどと考えているうちに、時計の針はどんどん進む……。

自分が落ち着くスタイルに頼りすぎると、今度はそれがそろわないと作業がまったく進まなくなってしまう可能性がある。そうなると、自分のスタイルをせっかくつくっても本末転倒ということに。応用がきかないただの人になってしまう。かならず集中できる「スタイル」をもつのは、それ以外の場所では集中できなくていいという意味ではない。

自分はそこまでやり方にこだわっていないという人も、じつは「～なら」「～だっ

たら」などと限定つきの言葉を発していたりするはず。「朝の一時間だけなら集中できる」とか、「家だったら」、「金曜日だったら」、「もうすこし静かな場所だったなら」――。

そういう言葉の背後には「だから、いまここでは集中できない」という気持ちがある。それでは、集中するのをはじめからあきらめているようなもの。言葉に出すなら「自分はすごく集中している」と肯定的《こうていてき》な言葉をつかうことだ。

職場でもどこでも、できる範囲のいい環境で満足することは大事な考え方。自分のスタイルをもつのは、気が散らないためのひとつの予防策程度と思っておこう。

気が散る人の集中術・3

作業のテーマは一つに絞りこむ

メジャーで活躍するイチロー選手が、まだ日本にいたときの話だ。その日の練習で、彼は投手をつけて三〇～四〇分ほどバッティング練習をしていた。そのくらいの時間があれば、バッティング投手は、だいたい一〇〇球を超えるくらいの球を投げる。

ところが、イチロー選手が打った球数は、そのなかのたった四球だけ。あとは体をピクリとも動かさずに、すべて見送って手を出さなかったという。これはいったいどういうことなのだろうか？

バッティング投手の投げた球が、ほとんどボールだったから、ではない。投球はほとんどストライクだったにもかかわらず、イチロー選手はその四球だけを見極めて打ったのだ。

打者の心理としては、ストライクゾーンにきた球は、どんな球種であれカーンと思い切りよく打ちたくなるのが常だろう。いや、そうした欲求が出てくる前に、プロの体はボールに本能的に反応してしまう。それなのに、イチロー選手は微動だにしなかったのだ。

これは、彼がはじめから狙っていたのは、たったひとつの球だったからだ。ストライクゾーンにくる球のなかでも、あるコースの、それもある高さの一点にきたボールだけを打つつもりだった。そのボールが一〇〇球以上投げられたボールのうち、彼がバットを振った四球だったというわけだ。

彼はその前の試合で、その高さのボールを打ってヒットにしていた。しかし、そのとき打った打球のイメージと、ボールをとらえたときの手の感触、腰の回転といった体の感覚とが、理想とはちがっていた。そのズレを修正しようというテーマをもって、練習に臨んでいたのである。

集中しようと思っても、仕事になかなか手がつかないときは、イチロー選手のようにテーマをひとつにしぼりこむ方法が効果的だ。狙ったところにズームで的をしぼれば、拡散していた意識がグッと集まる。そこを集中力の入り口にすれば、あとの作業がラクに進められるはずだ。

しかも、ふだんからテーマをしぼりこむ習慣をつけておくと、まわりの環境に左右されなくなり、集中力も強化される。イチロー選手は、ピンチのときもチャンスのときも、冷静な判断力をもって自分の実力を発揮《はっき》している。それが彼の並外れた集中力からきていることはいうまでもない。

気が散る人の集中術・4

単純な作業にはBGMが効果的だ

「音楽を聴きながら勉強するなんてとんでもない」と、かつて親からいわれた経験のある人も多いだろう。

ところが、こんな実験結果がある。

学生や銀行員に、BGMの流れるなか、簡単な作業をおこなってもらい、音楽が作業に与える影響を調べたところ、ＢＧＭはさまざまな面でプラスにはたらくことがわかっている。

ひとつは、ＢＧＭには、精神的緊張をやわらげ、騒音を隠し、単純作業中に感じる退屈感を減少させる効果があること。

また、作業中の無駄話がしだいに減っていき、音楽のリズムと作業のテンポが合うと、音楽につられて作業効率が上がることもわかった。

こうした結果から、比較的単純な作業が多いときは、ＢＧＭを流してリラックスしながら、作業を進めると、能率が上がることがわかってきた。テレビのように目を奪われるものでないかぎり、音楽はかならずしも集中力のさまたげにはならないのである。

そういえば、シェークスピアの研究で著名な小田島雄志《おだしまゆうし》東大名誉教授の仕事場所

は、クラシック音楽が流れる喫茶店だったという。

やはり集中できる環境は、人それぞれである。本人が勉強や仕事に集中できるなら、音があっても構わないのだ。

ただしこの実験では、原稿を書く、難問を解くなど高度な判断を必要とする作業では、BGMが向いていないこともわかっている。やはり、頭を整理しながらじっくり考えたいときには、音楽は邪魔になってしまうのだ。

また、曲選びも重要なポイントになる。音楽の好みは人それぞれだが、一般的には、集中を邪魔しないのは、バロック音楽のような単調な曲や、ホテルのティールームに流れているようなイージーリスニング系の曲が適しているという。

ただし、こうした条件を満たしていても、自分のお気に入りの曲は避けたほうがいい。好きな曲はつい聴き入ってしまうもの。これでは、仕事より音楽に注意が向いてしまう。BGMは、用途に応じて使い分けたい。

気が散る人の集中術・5

静かすぎる環境は、かえって気が散るもと

聴覚について、次のような実験がおこなわれたことがある。被験者の学生たちが

分厚い防音壁に囲まれたせまい実験室のなかに入れられ、無事に実験を終えて外に出た。そのとき実験とは別に、防音壁に囲まれた部屋にいた彼らが、室内でどういう心理状態になっていたかをたずねた。

音が遮断《しゃだん》されている空間にいたのだから、落ち着いていられたと思いきや、そうではなかった。学生たちは、自分の吐く息や心臓の鼓動《こどう》まで気になってしまい、とても落ち着けるどころではなかった。音がなさすぎて、かえって緊張状態におちいっていたのだ。

音などの外的刺激をできるかぎり減らした場合、人間の心身の機能がどうなるかを、くわしく調べた研究もある。アメリカのプリンストン大学のJ・ヴァーノンらの心理学者グループによる感覚遮断の実験がそれだ。この実験では、完全防音の部屋を用意した。部屋のなかの温度と湿度はきちんと保たれているが、ここでは光も遮断されている。さわる物も音も匂いもなく、五感への刺激が最小限におさえられた暗室である。

さて、この小部屋に入った被験者たちはどういう行動をとったかというと、まず部屋に入るとすることもないのでほとんど寝てしまう。しかし十分睡眠をとると、今度は寝つかれずに落ち着かない様子を見せはじめる。歌を歌ったり、両手を打

ち合わせるなど、自分で聴覚や触覚にはたらきかけ、刺激を与えようとする。しかし、そうやっても被験者の大半は二日くらいでギブアップして出てきてしまったという。

つまり、人はあまりにも刺激が乏《とぼ》しい環境にいると、正常な精神活動がさまたげられてしまうのである。

ある程度の騒音などの刺激があると、人間はその騒音から身を守るために自閉状態をつくりだすが、それが、じつはかえって集中力を発揮させることもある。

たとえば喫茶店など、ざわついているところで集中できるのは、体がそうした騒音を遮断しようと反応するからだ。反対に静かすぎる環境では、そうした騒音にたいする防衛壁がつくりにくいために、かえって心の動きが広がってしまって落ち着かなくなるのだ。

誰にでも、オフィスがあまりにシーンと静まり返っていると、仕事がしづらかったりすることがあるはずだ。静かすぎる飲食店では食べていても落ち着けないし、森閑《しんかん》とした秘境に身を置いていると、かえって思いが乱れたりすることもある。

人間は、ある程度の騒音に囲まれていたほうが、かえって落ち着くという一面をもっている。だから、電話がうるさいとか、耳障《みみざわ》りな音がして集中できない、などと神経質にならないほうがいい。すこしざわついているくらいのほうが集中できる――そう思ったほうが、精神衛生のためにもよさそうである。

気が散る人の集中術・6

机の上は極力シンプルにすべし

目の前の仕事や勉強から、いつの間にか意識がフッとどこかへ飛んでしまうことがある。こんなとき、私たちは「気づいたらボーッとしていた」などといったりするが、脳が別なことを考えはじめる経路ははっきりしている。それは、たとえばこんなふうである。

まず、やっている作業とは無関係なものが視野に入ってくる↓それを認識する↓何かを連想する↓仕事とは関係ないことにたどりつく↓そのまま連想がどこまでも広がっていく……。

ここで重要なのは、想像の世界に入り込んでしまうとき、そのきっかけが視覚からの情報だということである。人間の五感のうち、もっとも発達しているのは視覚。だから集中力をさまたげやすいのは、聴覚や嗅覚《きゅうかく》より、視覚からもたらされる情報なのだ。

というわけで、仕事をしていてもどうもすぐ気が散ってしまうというときは、自分の机の上を見渡してみよう。読みかけの雑誌やカレンダー、あちこちに貼ったメモ類、健康グッズ、にぎやかな絵柄のマグカップなど、あなたのまわりには〝視覚的障害物〟がたくさんありはしないだろうか。そうであれば、こうした障害物は、すぐにとりのぞいておいたほうがいい。

そもそも人間の注意力は、放っておけば散漫になりやすい。書類を読みながらふと別のことを考えていたり、気がゆるんでくるとミスも連発しやすくなる。にもかかわらず、机の上に自分の目を楽しませるようなものを置いておくのは、気の散りやすい状況を、みずからつくっているようなもの。これでは、自分から遊園地に入っておいて、にぎやかで集中できないと文句をいっているのとおなじである。

もちろん、だからといって、オフィスや自分の部屋を、警察の取調室のように殺風景にしようというのではない。世界中どの国の警察でも、取調室は灰色の壁に机とイスがぽつんと置かれているだけだという。これは被疑者が警察の質問をはぐらかしたり、よけいな話をしないようにするための究極の形。目の逃げ場をなくすことで、心の逃げ場を封じ込めているのだ。そこまで自分を追い込むことはないものの、注意力を拡散させるきっかけを与えるものは、やはりなるべくないほうがいい。殺風景ではなく、シンプルに、が基本である。

前に、仕事のエンジンがかからないときも、机の上を片づけるとウォーミングアップになるという話を紹介したが、机の上をシンプルにしておくことは、気が散ることの予防策にもなるのである。

気が散る人の集中術・7

集中しはじめたら身辺はそのままがいい

集中力をキープするためには、机の上をシンプルにするのが原則だが、例外もある。それは、仕事に集中して一度乗ってきたとき。こんなときは、机の上は片づけず、身辺をそのままにしておいたほうがいい（いちいち細かいテクニックだなぁ、などと思うなかれ。やる気や集中力は繊細なもので、それをコントロールするためにはそれ

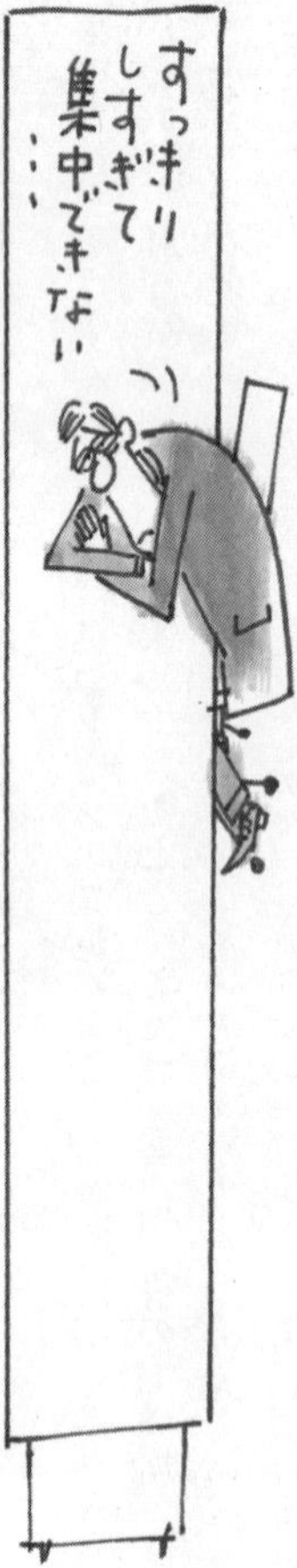

なりに神経をつかう必要があるのだ）。

たとえば、身辺から無駄なものを省《はぶ》いて、すっきりした机で仕事をはじめ、調子よく乗ってきたとする。そうするとその日は満足して、この調子でいけば明日もうまくはかどるだろうと考える。そうしてきれいに机を片づけ、翌日もまた机の前に座る。ところが意外にも、集中力は切れてしまっていて、昨日とおなじようには進まない。すっかりきれいになっている机を前に、集中力までどこかへ影をひそめてしまったようなのだ。

ゲンをかつぐわけではないが、乗っているときはすべてをそのままにして、環境の現状維持に気を配ったほうがいい。せっかくいい流れになってきた環境を、わざわざ変えてしまうことはない。

書くことを職業にしている作家たちの身辺管理術を見ても、机の上や部屋の状況を維持することに気をつかっている人は多い。作家たちが書く原稿は、一日何枚書こうと決めて、計画どおりに書けるという性質のものではない。だから、乗ってきたときの流れを非常に大切にする。そういうときは、流れを中断するものはなるべく遠ざけようとするのだ。

書きはじめて乗ってくると、机の上を整然とさせておくのはむずかしい。自然にあたりは資料や本などでうまってくる。まわりから見れば、ただ雑然と散らかっているようにしか見えないだろう。しかしその環境で、昨日もおとといもうまく乗って書けたのだ。だから今日もそのままにしておけば書けると作家は思う。この場合、作家たちにとって集中力を阻害《そがい》するものがあるとすれば、部屋をそうじする誰かのお節介であって、雑多な環境は、集中力のキープに欠かせないものなのである。

行為自体を中断したとしても、環境が整っているので、軽くウォーミングアップするだけで集中できる。

気が散る人の集中術・8

机の向きしだいで集中力は左右される

ホラーやサスペンス映画などを観ていると、背後に人の気配がしたり、後ろから

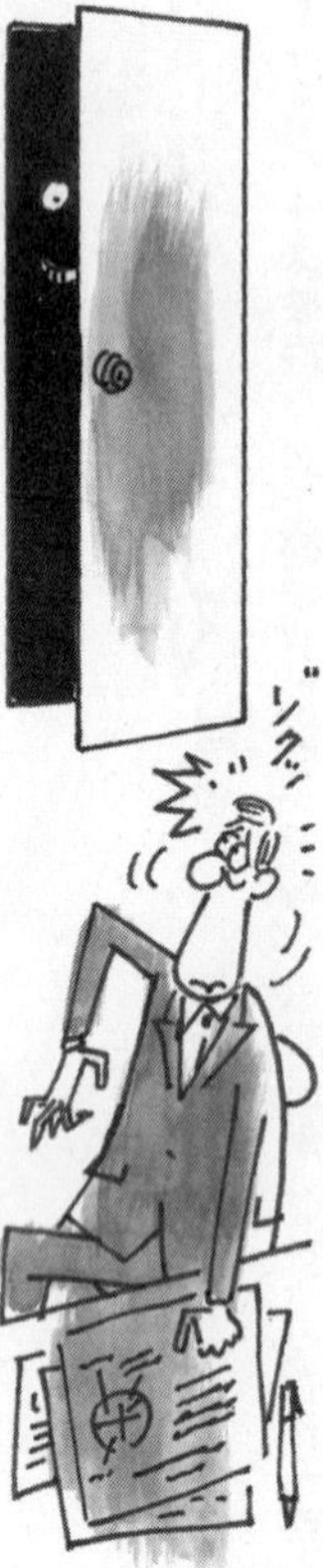

突然声をかけられる場面で、ギョッとすることが多い。目が届く前方であれば、ある程度何が起こるか予測がつくが、背後には目が届かないので不安を感じやすいのだ。人間の習性としても、はっきり意識はしていないものの、背中に不安を感じやすい性質があるのはたしかだ。そのことは恐怖感などでぞっとするのを、「背筋が寒くなる」などと表現したりすることからもわかる。

部屋で仕事や勉強をしていても、なかなか集中して取り組めないときは、じつは机の向きに原因があるのかもしれない。あなたの机は、部屋の奥の窓際や壁にぴたりとつけられていて、入り口を背にして座っていないだろうか。もしそうなら、座ったときに意識下に感じる不安感が、集中力をさまたげている可能性がある。

個人の部屋の机とイスのレイアウトを見ると、そういう向きで配置されていることがけっこう多い。壁に机をくっつけたほうが安定するとか、採光の関係でそうなっていたりする。けれどもこれが落とし穴になる場合があるのだ。

じっさい、その席に座ってしばらく勉強や仕事をしてみたときと、そうでないときとをくらべてみてほしい。まったく意に介さない人はそのままでいいが、背中に入り口があると、うすら寒い感じがして妙に落ち着かないという人は、窓や壁を背にし、部屋の入り口を向くようにしてレイアウトを変更してみよう。部屋全体の様子が見渡せて、入り口が視野に入るところに陣取る。それだけのことで、目の前の作業に落ち着いてとりかかれるようになるかもしれない。

自分の部屋だけでなく、図書館や喫茶店などで作業をするときなども、入り口方向に向かって座るようにすると、気が散る要因をひとつ減らせる。最近は、オフィスでも自分専用のスペースをもたず、どこでも自由に座れるところがある。そういうときにもちょっと気をつけるといい。

気が散る人の集中術・9

机とイスの高さの差は三〇センチが理想

集中できる環境を整えるというと、周囲の音や、室温、照明といった五感に直接はたらきかける部分についい意識を向けてしまう。このとき、案外見落とされがちないるものが、作業をするときに座っているイスと机だ。このふたつは自分の体に合っているものをきちんとつかわないと、足がむくんだり腰痛の原因にもなって、体に疲労がたまる。これでは集中力を維持しにくい。

会社でつかわれているオフィス用品は、人間工学に基づいて人間の特性にうまく合わせるように設計されていて、つかいやすく疲れにくいものが多い。ただ、そのつかい方がヘタだと、知らないうちに体に負担をかけてしまうので要注意だ。

まず大切なのは、机とイスの高さの差だ。理想は、イスの座面（座る部分）と机の表面との差が、だいたい三〇センチといわれている。もちろん、その人の座高や体の大きさなどにもよるが、およその目安として知っておくと、オフィスでイスを調節したり、部屋用の新しい机とイスを購入するとき、疲れにくいものが手に入るはずだ。

次におさえておきたいのは、疲れない座り方だ。

まず、机に向かったら、イスをしっかり引き寄せて深く腰かけ、背もたれに背中がつくようにして背筋をまっすぐ伸ばす。そのとき、足が床にしっかりついているかどうか、確認しよう。かかとがひざのちょうど真下にくるようにし、足をそろえて床にきちんとつける。床についていないと、足がむくむ原因になる。

前かがみで背筋がまるくなっていると、腰痛の原因にもなる。お尻を前にずらして座ると猫背になりやすいので、体の重心は座面の真上にあるという意識をもって座るようにするといい。横から見たとき、背骨がなだらかにS字のカーブを描いているのが理想だ。

バランスのとれた姿勢は、胸部を広げ、呼吸をラクにする。酸素の摂取量がふえれば、脳のはたらきもクリアになる。仕事や勉強に専念するためにも、机とイスの高さと座る姿勢は要チェックだ。

気が散る人の集中術・10

これが集中力を高める部屋の照明法

煌々《こうこう》と明かりがついているレストランに入ると、席についてもどうも落ち着かないことがある。周囲のものがはっきり見えすぎて、気が散りやすいのだ。反対に間接照明でほどよい明るさのバーは、気持ちが落ち着く。

一般的に、明るすぎる照明は人間の注意力を拡張し、暗すぎる照明は疲労感を増すといわれている。たしかに相手の動きがはっきり見えないほどの明かりでは、精神的に重苦しかったり、イライラ感も増しそうだ。

けっきょく、集中して作業にとりかかるためには、部屋の明かりは明るすぎても暗すぎてもよくないということ。ひと言でいえば、ちょうどいい明るさで、となるのだが、どちらかというと、暗めに設定するのがコツである。作業に支障をきたさない程度に、しっとりとした落ち着きを演出するほの暗さがあったほうが、集中しやすいのだ。

もうひとつ、集中力を高める明かりのつかい方がある。それは、部屋全体の明かりだけでなく、部分照明をつかうということである。全体の照明を薄明るい光に設定したら、机上にもうひとつ光を置く。その光は強めにして、二重照明にするといい。舞台などで、スポットライトがあたると、自然と人の視線はそこに集中する。光があたれば、意識しなくても目がそちらへひきつけられてしまうのだ。その性質を利用して、机の上に強い光をあてれば、自然と作業に視線が向けられ、集中できるというわけだ。

ただし、手元の部分照明と部屋の全体照明の光の強さに、あまり差をつけないこと。落差がありすぎるのは、やはり目を疲れさせる原因になる。キツすぎる光は、一時的には視線を集中させても、長時間それを見つづけていると、目の疲労を蓄積させる。舞台などでも、暗闇でずっとスポットライトをあてられている人を見ていたあと、舞台全体が明かるくなると、ほっとしたりする。

手元の光は明るくしても、まわりとの差をつくりすぎないようにするのが、意識をうまく集中させるコツだ。

気が散る人の集中術・11
時計はできるだけ見ないようにする

学生のころ、つまらない講義を聞いているとき、時計をチラチラ見て、何度も時間をたしかめた経験のある人も多いのでは？　しかしそういうときにかぎって、時計の針はなかなか進まないもの。時計を見るたびに、どうしてこんなに時間がたつのがおそいのかとため息をついたり。もちろん、こんなときは、講義にはぜんぜん集中していない。ただ時間がすぎさるのを待っているだけである。

自分で仕事や勉強をしているときも、これとおなじだ。たとえば、この仕事を一時間で仕上げようと決めてとりかかり、途中で時計を何度もチェックする。本人は、時間を気にしながらも、目の前の仕事に、一生懸命《いっしょうけんめい》集中しているつもりでいるかもしれない。

　ところがこういう状態では、学生時代の講義とおなじように、じつはぜんぜん集中できていない。時計を何度も見るのは、たんに仕事からの逃避である場合が多いのである。

　ほんとうに集中しているときというのは、時計などをまったく気にせず、気づいたらもうこんな時間だった、と驚くことのほうが多い。だから、集中して目の前の仕事に取り組もうと思ったら、無理やりにでも時計は見ないというのもひとつの方法である。乗り気でない仕事をやっているときは、どうしても時計を見ては、ため息をつくことになる。それなら、腕時計を机の引き出しにでもしまって、最初から時計を見られないようにしておくのである。

時計を見ないかわりに、神経を集中させたいときに、おおいに利用できるのがタイマーだ。たとえば、一時間ずつ区切って仕事を進めるのなら、一時間後にアラームが鳴るようにセットしておく。こうしておけば、時間が気になって何度も確認する必要がない。その時間内に集中して取り組むことができるはずだ。

午後から社外で打ち合わせがあり、あとでオフィスを出ないといけないというときも、タイマーをつかうと便利だ。出かける用事があると、どうしても目の前の仕事に集中しにくくなるものだが、出発する時間を逆算して、タイマーをセットしておけば、アラームが鳴るまでは、とりあえず次の仕事について考えなくてもいい。大きな音を鳴らせる環境でなければ、マナーモードにした携帯などのアラーム機能を利用するといいだろう。

気が散る人の集中術・12

ガムを噛んで集中力を喚起する

大リーグの選手が、くちゃくちゃと試合中にガムを噛《か》んでいる姿はもはやおなじみの光景。これは、噛むという動作が、気分をリラックスさせるだけでなく、脳へ刺激を送り、集中力を喚起《かんき》しているからでもある。そのことは、ガムを噛むことが、クルマを運転するドライバーにとって眠気覚ましの必需品《ひつじゅひん》になっていることからもおわかりのはずだ。

頬の奥には、咬筋《こうきん》という筋肉があり、物を噛むときは主にここをつかっている。咬筋は、三叉《さんさ》神経という脳神経と直接つながっている。そのため、物を噛むと咬筋から出た電気信号が脳へダイレクトに送られ、その刺激で脳細胞が活発に動き出す。しかもアゴの筋肉と脳のあいだには、血流をふやす伝達ルートがある。物を噛んでアゴを動かすことで、脳の血流も増加し、集中力や思考力が高まるというわけだ。

近頃は食べ物がやわらかくなって噛むことが少なくなった。じっさい、飽きやすい子どもたちはよく噛まない子が多いとか、噛む機会がないと脳細胞が発達しないためIQが低くなる、などという話もある。噛むことは脳を覚醒《かくせい》させるために非常に大切な行為なのだ。

もちろん、ガムを噛むことでリラックスできる効果もあるかもしれない。たとえば、初期のころの宇宙食はチューブ式の流動食だったのに、いまはきちんとした固形物になっている。これは、重量が重すぎるとか、質が悪いといった理由もあったが、噛まずにすむ流動食ばかりだと宇宙飛行士が日増しにイライラすることがわかってきたからだ。

勉強をしているときに気が散ってきたなと思ったら、ガムを口に放り込んでみると、噛んでいるうちに適度に脳がリラックスして、イライラしていた気持ちがおさまることがわかってくるはずだ。

同時に脳には刺激も送られて、集中力がふたたび増してくる。歩いたり、体を動かすのとおなじように、口の筋肉を動かすことは、脳への刺激を直接送れるので、その効果はバカにできない。

もっとも、学校や職場など、ガムを噛めない場所もある。そんなときは、昼ごはんを食べ終わったあとや、休憩で少し外の空気を吸いに出たときなど、リラックスする時間帯にガムも噛むようにするといい。

気が散る人の集中術・13

アロマテラピー効果で集中力を取りもどす

アロマテラピーというと、疲れた心をリラックスさせるための女性向けの癒《いや》しグッズという印象が強い。しかし海外では、アロマテラピーは医療分野でも本格的につかわれている。

最近では日本でも、スポーツ・アロマテラピーといって、打撲《だぼく》や捻挫《ねんざ》のようなスポーツ障害のケアにつかわれたり、メンタル面の調整につかわれるケースがふえてきた。

たとえば、Jリーグの選手のなかにも、試合前にリラックスしたり、集中力を高めたりするのに、香りを利用している人がいる。アロマテラピーは勝負の世界でも、その効果をおおいに期待されているのだ。

じっさい、香りが精神的な面に与える影響は少なくない。お寺などにいくと気持ちがスッと静まることがあるが、これは建物のたたずまいだけでなく、お香《こう》の香りが鼻から脳に伝わって、精神を落ち着かせるから。香りはメンタルコントロールに大きな影響を与えるのだ。

ここで、香りが脳に作用するメカニズムを簡単に紹介しておこう。

人の鼻に入った香りの分子は、まず鼻の嗅上皮《きゅうじょうひ》という部分に付着して、粘膜《ねんまく》にとける。そこから香り成分が電気信号に変えられ、脳の大脳辺縁系へと伝わる。

この大脳辺縁系は、喜怒哀楽《きどあいらく》の感情をコントロールしたり、食欲や性欲といった本能をつかさどる部分。そのため瞬時に「いい香りだな」などと判断され、その判断が視床下部《ししょうかぶ》に伝わる。

それが自律神経系や内分泌系、免疫系《めんえきけい》に大きく作用し、心身にダイレクトにはたらきかけるのである。

気が散っている心身にやる気をよみがえらせたいときは、このアロマテラピーの効果を取り入れてみるのもいい。

集中力や記憶力に効果がある香りは、レモンやペパーミント、ローズマリーなど。家でつかうなら、アロマポットやスプレーボトルをつかって、部屋に香りを漂《ただよ》わせたり、お風呂に入れて楽しんでもいい。

ふだん会社にいる時間が長い人なら、ハンカチやティッシュに数滴たらして、バッグにしのばせておく。集中力が切れてきたら、取り出して鼻にあてて軽く香りを吸い込む。男性でも、これなら気軽に香りの効果を活用できる。

気が散る人の集中術・14

プライベートの「心配ごと」を放っておかない

集中力をさまたげる要因のひとつに、気持ちの不安や迷いがある。たとえば大きなプロジェクトをまかされたとき、自分にできるかどうか自信がないと、作業に取り組んでいても、どこか気持ちに落ち着きがなかったりする。うまくいくかどうかに気をとられ、目の前のことに集中できないのだ。

また、気が散ってしまうときは、作業そのものにたいする不安だけでなく、作業とは関係のないことが原因ということも多い。たとえば、同僚《どうりよう》にいわれた嫌味がひっかかっているとか、恋人と電話でケンカしたことが気になって、仕事や勉強に手がつかないなどというケースがそれだ。

集中力が必要なスポーツ選手も、プレーそのものより、じつはそうでないところで心を惑わされている部分が多々あるようだ。たしかに、ふだんの生活を考えてみると、プレーをしている時間より日常生活のほうがはるかに長いものだし、日常生活のなかには心をわずらわせる物事が多いものだ。

そこで、たとえばあるプロ・レーサーは、試合前にはそうした雑念が入り込まないよう一週間くらい前から、生活面でトラブルが起きないよう気を配っているという。そして心に引っかかっている雑念の根は、できるだけ取り去ってしまうという。

もちろん、そうやって問題が事前に解決してしまえばいうことはない。しかし気になることというのは、どんなにささいなことではあっても、解決までに時間がかかることも少なくない。

そういうときは、すべてを解決できなくてもいいと考えることだ。そして、目の前の仕事に取り組む前に、解決の糸口だけでも見つけておこう。

たとえば、気になることを解決するためには、あとで学生時代の友人に相談してみよう——そんなふうに思えるだけでも、ずいぶん気がラクになって、とりあえず目の前の仕事に集中できるようになるものだ。

気になることをそのままにして、目の前の仕事に集中しようとしても、それはむずかしい。それは、遊びであってもおなじこと。明日まで提出の仕事をかかえながら、気をまぎらわせようとして友達と飲んでも楽しみは半減してしまうだろうし、マージャンをしていても勝負は上の空だろう。遊びにおいても勉強や仕事においても、目の前のことに集中できないときは、その周辺で気になることがないかチェックしてみる。そして、解決の糸口だけでも見つけておくことである。

集中力を確実にアップするポイント〈2章〉

★「集中できるスタイル」をもつことは大事だが、その「スタイル」にこだわりすぎては逆効果。

★やるべきテーマをひとつにしぼれば、作業中に気が散るのを防げる。

★人間は静かすぎる環境だと、逆に集中できない。単純作業をおこなう場合は、ＢＧＭも効果的。

★机の上はシンプルにするのが基本だが、気分が乗り出したら、散らかっても片づけないほうがいい。

★机とイスの向きや高さは、集中力を左右する。座る姿勢もふくめて注意が必要。

★机上に当てる光は強め、全体の照明はすこし暗めにすると、自然と作業に集中できる。

★時計を見るのは気が散るもとだから避ける。ただし、決めた時間にタイマーを鳴らすのは有効。

★私生活で「気になること」があると、集中力が散漫になるから、解決の糸口だけでも見つけておく。

3章

マンネリ気味の頭にビリッと刺激を与える集中術

◉途切れた集中力を回復したいあなたへ——

集中力の回復術・1

飽きやすい人は「能動的休息」をとろう

この章のはじめに、まずはあなたに質問。以下の項目のなかで、あなたにあてはまるのはどれ？

・食べたことのない食べ物を食べたがる
・友人（とくに異性）の数が多い
・家族の写真やホームビデオなどを見るのが退屈
・ジェットコースターなどの絶叫マシンに乗るのが好き
・初対面の人に多く会うパーティーには進んで参加する

「ほとんどあてはまる」という人は、おそらく好奇心旺盛《おうせい》で活発なタイプのはず。つねに新しいものを求める、興味の幅が広い人だ。しかし反面、こうしたタイプは、「飽《あ》きっぽい性格」でもあることがわかっている。

ここにある質問は、じつはズッカーマンという心理学者による「感覚欲求テスト」とよばれるものの一部だ。ズッカーマンによれば、この項目に多くうなずく人ほど、物事に飽きやすい性質をもっているという。つまりはこれ、「飽きっぽさチェックリスト」だったのだ。

こうして見ると、あらゆることに興味が向きやすい人は、逆にいえば、ひとつのことに集中して、コツコツやるのが苦手ということなのだろう。これは一種の気質であり、生まれつきのものと考えていい。一般的には、女性よりも男性のほうがこうした傾向が強いといわれている。

しかし、このタイプにあてはまった人も、心配はいらない。「自分は生まれつき、飽きっぽい性格なんだ」と自覚できれば、それなりの対処の仕方はある。たとえば、ひとつの作業に飽きたら、別の仕事をするなり、パッと目先を変えてしまえばいい。

また、こうしたタイプの人には、「能動的休息（アクティブレスト）」をとることが有効ともいわれている。ふつうは、疲れたり飽きたりしたら、何もせずにのんびり休憩をとって、気力の回復を待つが、アクティ

ブレストでは、何もしないで休むよりも、何か別の作業をしながら休憩することをよしとする。気が散りやすい気質を逆手《さかて》にとって、飽きたらすぐ、別のことに関心を向けると、興味ややる気を持続させることができるのだ。

というわけで、飽きっぽい人は、種類のちがう仕事を同時に処理するのもひとつの方法だ。

たとえば、デスクワークの最中に、ちょこちょこ外に出る用事をつくってみる。いっけん能率が悪いように思えるが、だらだらデスクワークをやるよりも、行動にメリハリがつき、結果的に作業効率はアップするはずである。

集中力の回復術・2

大きな集中力が途切れた時の対処法

サッカーは、一度点差がひらくと、なかなか逆転がむずかしいスポーツといわれる。野球なら、三〜四点差があっても九回裏の大逆転はしばしばあるが、サッカーの場合は、終盤で二〜三点も差がつけば、よほどのことがないかぎり、逆転はありえない。

では、そうした試合で、敗色濃厚なチームのゴールキーパーは、どうやって集中力を保っているのか？

かつてJリーグのヴェルディ川崎（現東京ヴェルディ1969）などでゴールキーパーとして活躍した本並健治選手は、ある雑誌のインタビューで次のように語っている。

それによると、試合中に全神経を集中させて、ゴールを守っているキーパーでも、三点ものひらきが出ると、さすがに集中力は完全に切れてしまうという。

ただし、だからといって、本並選手は手を抜くわけではない。彼は、冷静に試合を観察しながら、なぜ負けているのか、その理由を見つけようとする。つまり、負け試合のなかから次につながる課題を発見することに集中するのだという。

こうしたことは、たしかに勝ち目がなく、気持ちが冷めているからこそ、見えてくるものだろう。勝っているときや、一点差で勝負を競っているときは、気持ちが入り込んでいるので、冷静に試合を分析することはむずかしいと本並選手は語る。

つまり、「試合に勝つ」という〝大きな集中力〟が切れてしまったときは、「敗因を探る」という〝小さなこと〟に集中にしてみるというわけである。

こうしたことは、仕事や勉強にもあてはまるはずだ。

大きな集中力が切れて、やる気が出ないときは、これは負け試合のようなもの。

そんなときは、いくら頑張ろうと自分を励《はげ》ましても、成果はたかがしれている。

それなら「今日はこの手順でおこなってうまくいかなかったのだから、明日はこうしよう」と、前向きに翌日へ向けた対策を練《ね》ってみる。

たとえば、企画書を作成中、いいアイデアが浮かばず、時間だけが過ぎることがある。

そんなときは、ただイライラするよりも、過去にボツになった企画書を見て、それらの何がいけなかったのかを考えてみる。過去の失敗をふりかえることで、いまにつながる課題が見えてくることも多いはずだ。

集中力というのは、いつまでもおなじペースでつづくわけではない。大きな集中力が切れたら、ふだん気がつかないようなささいなことに注意を向けてみてはいかがだろう。

きっと、思わぬ発見があるはずだ。

集中力の回復術・3

飽きてきたら作業のやり方を変えてみよ

たとえば、明日までに英単語を五〇語覚えなければならないとする。ところが、ノートにスペルを何度も書いているうちに、しだいに飽きてきてしまった。

こんなときは、ノートにスペルを書くことはいったんやめてしまったほうがいい。もちろん、英単語を覚えることをあきらめるのではない。やり方をすこし変えてみるのだ。

たとえば、単語を何度も声に出して読んでみる、これまで覚えた単語を確認の意味で書き出してみるなど、おなじ暗記作業でも、すこしやり方を変えてみると、それだけで、また別のやる気がわいてくるはずだ。

何かひとつのことに集中しなければならないときは、こうしてすこしでも、目新しいことを作業のなかに盛り込むと効果的だ。ちょっとした工夫で、飽き飽きした気持ちはリセットされ、また集中力がよみがえってくる。

たとえば、一流の大リーガーは皆、試合中のちょっとした合間をぬって、ストレッチをしたり、深呼吸をしたりしている。

自分の打席や守備についているときは、異常なまでに高い集中力を発揮する彼らだが、試合のあいだじゅう、ずっと集中しつづけているわけではない。とくに連戦がつづくと、体力的には問題がなくても、集中することに疲れてしまうこともあるという。

そこで彼らは、試合中に体をほぐしたり、ガムを噛んだり、すこしだけ異なる動きを取り入れることで、緊迫感がつづくなかでも、つねに気分をリフレッシュさせているのだ。

このテクニックは、暗記することが多い試験勉強や、単純作業がつづくデスクワークなどにも応用できる。

試験勉強で、いつも参考書の最初のほうしか頭に入っていない人は、たまには手順を変えて、前後構わずランダムに学習してみよう。きっと毎日の勉強に、新鮮味が出てくるはずだ。

また、仕事上の単調な入力作業にうんざりしたら、

順番を変えて逆から入力したり、どれだけ早く正確に入力できるか、時間を計って記録をしてもいいだろう。

ほかにも、手書きで手紙を書くときは、字をより丁寧《ていねい》に書こうとすると、ダレた気持ちがひきしまる。おなじく宛名《あてな》書きをするときも、全体のバランスを整えながら、より美しく書こうとすると、ただ書くのとちがって退屈することがない。

たとえ単純作業でも、やり方次第。工夫をすれば、これらの作業はずっと楽しく、やりがいのあるものになるはずだ。そして、作業に慣れて、手順がパターン化されたら、そのときは次の手を考えてみる。

手順を変えると、慣れないうちは多少能率が落ちるが、このほうが緊張感があるため、ミスも少なくてすむ。自分を飽きさせない工夫をすることが、肝心なのだ。

集中力の回復術・4

飽きた時には、この運動が効く

仕事中に、飽きたり眠くなったりしたとき、伸びをする人は多いはずだ。

しかし、この伸び、だらけた気持ちに活を入れ、ふたたび集中力を高めるには、イスに座ったまま、いつものようになんとなくやっていてはあまり効果がない。立ち上がって、全身をつかって思いきりやってこそ効果がある。

全身をつかった伸びが集中力を高めてくれるのには、脳の仕組みが関係している。

脳には、脳幹網様体《のうかんもうようたい》とよばれる神経細胞があり、この部分が刺激されると、脳全体が覚醒《かくせい》する。

つまり脳幹網様体は、脳全体のメインスイッチのようなもの。この部分が刺激されれば、気分がしゃんとしてくるし、反対に沈静すると、眠気が襲ってくるという仕組みになっている。

だから作業に飽きて、気持ちがだらけたときは、この脳幹網様体を刺激すればいい。そして、全身をつかった伸びは、そのもっとも手軽で有効な方法というわけである。

そこで、やるべき作業が山のように残っていて、のんびりしてもいられないときは、まず立ち上がって伸びをしよう。全身のあらゆる筋肉に力を入れるつもりで、力みながら天に向かって伸びをするのがコツだ。

こうして、軽く痛みをともなうくらい力を入れると、よりいっそう、脳幹網様体が活性化されるので、やる気がみなぎってくる。

ちなみに、この全身をつかった伸びは、集中力が切れたときだけでなく、何か作業をする前にやっても効果がある。通常は、一日中パソコンに向かって作業をしたあと、肩や首の筋肉がこり固まってくると、「あーあ」と伸びをしたくなるものだが、より作業の効率を上げたかったら、作業の前に伸びをしておく。こうすることで、脳幹網様体のスイッチがオンになり、いつもよりも仕事や勉強がはかどるようになる。これからは、飽きたときにはもちろん、作業前にも伸びをする習慣を取り入れてみよう。

集中力の回復術・5

顔を洗うだけでも集中力は蘇ってくる

眠くなったときに、冷たい水で顔を洗うと眠気が吹き飛ぶことがあるが、これは集中力が落ちたときにも効果がある。

なんとなく気分がだらけて、やる気がなくなってしまったら、とにかく顔に、冷水をあてるといい。ジャブジャブと二〜三回顔を濡《ぬ》らせば、頭がすっきりして、気分をリフレッシュさせることができる。

とくに昼下がりに顔を洗うと、その効果は高い。この時間帯は、昼食をとったあとということもあり、消化のために、脳へ流れる血液の量が減ってしまって、頭がボーッとなりやすい。

しかも、日中活動している人は、一般的に夜中の二時と、午後二時に眠気が訪れるサイクルになっているから、とくに食べ過ぎなくても、この時間はとかく眠くなりやすい。ちなみに、交通事故がもっとも多く発生するのも、この時間帯。じっさい、この時間帯になると、いつも集中力が落ちることを実感している人も多いはずである。

では、なぜ顔を洗うと、集中力がよみがえるのか？

それは、顔面の感覚を認識するのに、脳の多くの部分がつかわれているから。顔面の皮膚は、体全体から見れば、ごくわずかだが、ここを刺激すると、脳に大きな刺激が伝えられ、意識が覚醒して、集中力がよみがえってくるのだ。

脳が、体のどの部分に対応しているかを調べたカナダの脳外科医ペンフィールド（彼は「脳の地図」といわれるものをつくった）によると、脳の多くの部分は、

顔と手の感覚を認識するためにつかわれているという。つまり、洗顔は、顔と手を同時に刺激しているわけで、だから頭がすっきりする。背中や腹を洗ったとしても、こうはいかないはずである。

というわけで、集中力が切れたと思ったら、顔を洗って、気持ちをリセットするといい。「顔を洗って出直せ」という言葉があるが、これは、じつに理にかなった言葉だったのである。

集中力の回復術・6

コーヒーやお茶を飲みすぎないこと

「コーヒー・ブレイク」という言葉もあるように、仕事に疲れたり、集中力が切れたときには、コーヒーやお茶を飲む人も多いはずだ。

もちろんコーヒー・ブレイクには、科学的な根拠がある。コーヒーや紅茶にふくまれるカフェインには脳を覚醒させる作用があり、それが途切れた集中力を回復させてくれるのである。

ただし、ここで大切なのは、コーヒー・ブレイクはほどほどにしておくということ。なかには、コーヒーをガブ飲みして、気力をふりしぼりながら、深夜残業を乗り切っている人もいるはずだが、こんな無茶な飲み方をしていると、カフェイン中毒になりかねない。

一度カフェイン中毒になってしまうと、カフェインが切れたときに、頭痛や吐き気のほか、強い不安に襲われたり、逆に、集中力が低下するという症状があらわれることがある。

たとえば、残業中にコーヒーを八杯ほど飲む生活を、約一か月間つづけた女性がパニック発作を起こしたり、受験をひかえた男子学生が、目を覚まそうと一〇杯以上のコーヒーを飲みつづけたところ、手足の発汗、しびれ、動悸《どうき》を訴えて病院に運び込まれたという報告もある。こんなことにならないためにも、コーヒーや紅茶のカフェインには、頼り過ぎないことが重要なのだ。

また、カフェインには、飲みつづけていると、だんだんと効き目が落ちてくるという「耐性」がある。ふつうは、寝る前にコーヒーや緑茶を飲むと寝られなくなるものだが、毎晩飲むと、カフェインが入っても次第に眠れるようになる。つまり、体が慣れてしまうのだ。こうなると、一杯のコーヒーでは頭がすっきりしなくなり、二杯、三杯と量がふえていってしまう。

というわけで、カフェインの効果をじょうずに利用して集中力を高めるためには、ここ一番というときに飲むことだろう。仕事中にとる水分は、ノンカフェインのものか水にして、集中したいときだけに、カフェインをとるようにするといい。

カフェインは決して有毒な物質ではないが、コーヒーや紅茶を飲むときは、適度な量を守ることを心がけたい。ちなみに、スタミナドリンク剤やコーラにもカフェインがふくまれるので、これらの飲み過ぎにも要注意のこと。

集中力の回復術・7

立ったままの作業で集中力を高める

『老人と海』などの名作で知られる作家のアーネスト・ヘミングウェイは、立ったまま小説を書くことがあったという。

たしかに、立ったり、歩いたり、何かしら体をつかっているときには、いいアイデアがひらめくことが多い。

逆に、居心地のいいソファに座ってのんびりしていると、いつの間にかうとうとして、けっきょく何も浮かばなかったということもある。

これは、筋肉がほどよく緊張している状態のほうが、気持ちがシャキッとするということ。体にある程度の緊張感がないと、じつは頭のはたらきも散漫になってしまうのだ。

こんな実験結果がある。

ゆったりとしたイスに腰かけて仕事をした人と、少し固い、いくらか体を緊張させるイスに座っておなじ仕事をした人とでは、どちらが効率よく仕事ができるかを、比較した実験である。結果は、ご想像のとおり、固いイスに座った人のほうが、一〇パーセントほど仕事の能率が上がることがわかった。

このことからも、頭をシャープに保ちたければ、リラックスし過ぎないことが大切だということがおわかりになったはずだ。

立って仕事をすることも、まったくおなじである。「立つ」という単純な動作でも、私たちの体のなかでは、じつは一〇〇近くの筋肉が、緊張と弛緩《しかん》をくり返している。それだけ、私たちの脳をつねに刺激してくれているわけだ。

身近な例でいうと、本屋で立ち読みしているときなど、ふだんよりもずっと短時間で、本の内容がつかめてしまうが、あれもおなじ理由。立ち読みでは、体が適度に緊張しているだけでなく、かぎられた時間で内容を吟味《ぎんみ》しようとするから、ふつうの読書より、ずっと集中力が高まっているのだ。

こうした立ち読みの効果を仕事に応用しない手はない。さすがに、長時間立ったままでは仕事にならないので、眠くなったときや、いいアイディアが浮かばないときなど、立ったまま仕事をしてみてはいかがだろう。

集中力の回復術・8

集中と休憩のバランスを考えて作業せよ

趣味で日本刀を集めている人の話によると、刀を研《と》ぐという作業は、きわめて高い集中力を要するのだという。

何しろ、一度刀を研いでしまうと、間違えたとしてもやり直しがきかない。また刀は、おなじものがふたつとない美術品なので、貴重でもある。

しかも刀の形は曲線的で、研ぐにはむずかしい形状をしている。うっかりすると、手を切るおそれもある。

だから日本刀を研ぐときは、慎重に慎重を重ねて、呼吸を整え、一気に研ぐことになる。まさに刀を研ぐことは、一回一回が真剣勝負。徹底的に集中しないと、できない作業なのだ。

もちろん、こうした作業を長時間にわたってつづけるのはむずかしい。極度に気を張った状態というのは、そう長くつづけられるものではない。だから、集中して研いだあとは、適度に休憩を入れる。研いだ刀をぬれた布で拭き、光にかざして、研ぎ具合を見るのだ。そして、手の疲れがとれて、集中力が戻ってきたら、またあらためて研いでいく。

こうして休みながら作業をすることで、刀は美しく研ぐことができるのだという。つまり、作業に緩急をつけるということが、刀を研ぐときのポイントというわけである。

これは、他の作業にも共通していえることである。

よく、気分がだらけてくると、「もっと長い時間、集中力が維持《いじ》できれば……」と思うことがあるが、それはもしかすると作業の仕方に、リズムや変化がない証拠かもしれない。やはり、長いあいだ集中力をキープさせたかったら、作業はリズミカルに進めるべきだ。たとえば、入力作業を一定時間こなしたら、自分と職場の同僚にお茶をいれてやる。そしてホッとしたところで、別の資料に目を通し、また煮詰まってきたら、外に出る用事をつくって出かけてみる。

たしかに、つねに作業内容を変えたり、適宜《てきぎ》、休憩をとっていると、はたから見れば落ち着きなく見えるかもしれない。しかし、集中と休憩をリズミカルにくり返していると、疲れにくく、結果として、長時間集中力を保つことができる。

まずは、自分のリズムに敏感になって、集中力が切れてきたら、作業を一時中断しよう。そして休む、ふたたび集中するをくり返せば、おのずと高い集中力が得られるはずだ。

集中力の回復術・9

集中力が切れたら〝回復の儀式〟を行なう

仕事に集中しているときに突然、電話が鳴る、来客がある、お昼時でどこからかおいしそうな匂いがしてくる……など、日常生活ではまわりからさまざまな邪魔が入ることが多い。それまで集中していたとしても、一度切れた集中力を元に戻すのはむずかしいという人も多いはずである。

では、集中を邪魔されたときは、どうすべきか。

ここでは、驚異的な集中力の持ち主として知られるプロゴルファーのタイガー・ウッズの例を紹介しよう。

ゴルフの〝帝王〟といわれるジャック・ニクラウスが、ある年の全米プロゴルフ選手権で、ウッズとともにラウンドしたときの話だ。ウッズといえども、すべてのショットが思いどおりにいくわけはなく、あるときショットが意図したところとそれたことがあった。

ニクラウスによれば、そのときウッズは〝二秒間だけ〟腹を立て、すぐまた次のプレーに集中したという。「クソッ!」とひと言吐き出し、クラブを地面に叩《たた》きつける。しかし、その二秒後には、まるで何事もなかったかのように次のプレーに入ったというのである。

もちろん、わずか二秒で気持ちが切り替えられる人はそういない。気にするまいと思うとよけいに気になったりして、あとの行動に支障を来《きた》すという人が多いはずで、ウッズのように瞬時に集中を取り戻すには、強靭《きょうじん》な精神力がいりそうだ。

けれどもここですこし発想を変えてみよう。ウッズが〝二秒間だけ腹を立てる〟のは、集中力が切れたときの〝回復の儀式〟だと考えてみてはどうだろう。つまり、彼は、意図的に〝二秒間だけ腹を立てる〟ことで、次のプレーに集中しようとしていたと考えてみるのだ。

テニスの選手のなかには、ミスをしたときは、ラケットのガットのゆがみを直すことで、集中力の転換をはかる人がいるが、ラケットのガットを直すことも、ひとつの儀式になっているはずだ。

というわけで、仕事や勉強をしていてどこかから邪魔が入ったときは、あなたも集中を取り戻すための「儀式」を決めておくといい。パンッと手を叩くとか、大きく伸びをする、深呼吸をするなど、瞬時に終わる行

動なら何でもいい。

こうして、自分なりに気持ちを切り替えるための儀式を決めておき、それを回復の合図としておく。気が散ってしまったときも、そういう儀式があれば、パッと切り替えられるはずだ。

集中力の回復術・10

飽きてきたら作業する場所を変えてみる

「三上」という言葉がある。「三上」とは、「枕上《ちんじょう》」「馬上」「厠上《しじょう》」、つまり、寝床の上、乗り物のなか、トイレのなかで、中国・北宋時代の思想家・欧陽修によると、この三つの場所が、文章を練ったりするとき、もっとも考えがまとまる場所、別な言い方をすれば、ものを考えるときにもっとも集中できる場所だという。

たしかに、ベッドに横になったときや、電車にゆられているときなど、ふいにいいアイデアがひらめくことがある。

サザンオールスターズの桑田佳祐《けいすけ》は、あるインタビューのなかで、トイレに入っているときにピンときて、そのまま一曲つくったことがあると答えている。

また、アインシュタインが、相対性理論の元になる方程式を思いついたのは、スイスのレマン湖での休暇のさい、ヨットセーリングを楽しんでいるときだったといわれている。

つまり、何かに集中したり、作業したりするのは、かならずしも机の上である必要はないということ。ある作業に飽きてしまったときは、場所を変えてみると、集中力が復活することがあるというわけである。

そもそも、「飽き」の原因は、おなじ場所で、おなじ姿勢で、おなじ作業をくり返しているから、ということが大きい。そんなときは、いつもとちがう部屋に移動したり、ときには外に出てみてはどうか。

たとえば作家の関川夏央氏は、深夜、ファミレスで原稿を書くことがあるというし、漫画家の弘兼憲史《ひろかねけんし》氏も、作品の原案を考えたり、ラフスケッチを描くのは、郊外のレストランであることが多いという。ファミレスのような人の出入りの多い場所はいかにも集中して仕事をするにはふさわしくなさそうな場所に思えるが、静まりかえった空間よりは集中できる。ついでに、仕事に飽きたときは、いろんなお客を観察することで、思わぬアイデアが浮かんでくるというオマケも期待できる。

場所を変えることは、脳にとっては刺激となって、緊張感をもたらす。この緊張感が新たな集中力を生み出してくれるのだ。

集中力の回復術・11

地道な作業は飽きる手前でやめてしまう

巨人軍の桑田真澄《くわたますみ》投手を指導して、奇蹟《きせき》の復活を遂げさせた武術家の甲野善紀氏は、古武術の稽古《けいこ》の奥義《おうぎ》について、著作のなかで次のように語っている。

それによると、ひとりで古武術の稽古をしているときには、どんなに我を忘れて没頭していても、決して飽きるまではやらないという。

古武術では、稽古中にふと感じる「この感覚は何だろう？」という未知の感覚に敏感でないと、次の段階にステップアップすることができない。しかし、むやみやたらに稽古をしているだけでは、疲れ果ててしまい、やっとつかんだ感覚も取り逃がしてしまう。これではほんとうに強くなれないというわけだ。

もうひとつの理由は、飽きるまで稽古をつづけてしまうと、次の稽古までに、いまの情熱が持続しないということ。

ひとりで稽古をするということは、どうしても、ただのノルマの反復になりがちになると甲野氏は指摘する。

そこで、甲野氏は、最高に気分が盛り上がってきたところで、稽古をやめてしまうという。すると、次に稽古をするときも、まだやるべきことが残っているので、稽古に飽きているひまがない。単調になりがちな基礎練習でも、情熱を傾けつづけることができるというわけである。

ノルマの反復になりがちなことは、飽きる手前でやめてしまうという甲野氏のやり方は、英語学習や資格取得のための勉強にも応用できる。

単語を暗記したり、問題集を解いたり、語学の勉強に没頭するのは、いわば一人稽古をするようなもの。じっさいに英語をつかって話す相手もいないので、気がつくとノルマの反復におちいりがちだ。

こうした地道な作業は、飽きる手前でやめてみる。ある程度気分が乗るまで、集中して覚えたり、問題を解いたりして、「もう少しできるかな」というところで作業を中断してしまうのだ。

こうして明日につづきを残せば、またやる気を持続

させることができる。飽きずに、集中力を持続させるためには、がんばり過ぎないことが肝心なのだ。

集中力の回復術・12

ゴロリと横になるのが集中力回復の切り札

この章では、これまで、飽きたり、疲れたときの集中力の回復法について紹介してきたが、最後に究極の方法を紹介しておこう。

それは、ゴロリと横になること、である。

以前、疲労回復にもっとも効果的なのはどんな方法かを調べる実験がおこなわれたことがある。候補にあげられた方法は、①本を読んでリフレッシュする、②ぶらぶらと散歩をする、③誰かとおしゃべりをする、④じっと安静にしている、⑤ゴロリと横になるの五つ。で、その結果はといえば、疲労回復にもっとも効果があったのは、⑤ゴロリと横になる、ということだとわかった。

理由はいたって単純。脳の疲れとは、ほとんどの場合、肉体からくるものだからだ。

よくデスクワーク中、細かい作業に神経をいきわたらせていると、頭がボーッとして、「もうこれ以上考えたくない」「頭が疲れた」と感じることがあるが、これは一種の錯覚《さっかく》。じつは、人間の脳は、体ほど疲れないようにできているのだ。

かつて、若い女性にひたすら計算をさせ、どんなときに能率が落ちるか調べた実験があった。

それによると、能率が落ちたのは、肉体的な疲労が見られたときと空腹時だけで、そうでないときは、計算のスピードや正確さは、かなり長い時間落ちることがなかったという。やはり問題は、頭の疲れではなく、体の疲れだったのだ。

だから「考えることに疲れた」というのは、心理的にそう感じるだけで、じっさいは、肉体が疲れているだけという場合が多い。で、そんなときは、まず横になって、体を休めるのがいちばんというわけだ。

したがって、集中力が落ちてきたら、ゴロリと横になって、できれば五分でも一〇分でも仮眠をとること。これで肉体の疲労が回復されて、頭がすっきりしてくるはずだ。一般に、どんな仕事や作業も、五〇～六〇分つづけてやると、能率が低下するといわれている。そこで、一時間集中したら、五分間横になるのが理想的だ。

会社などにいて、横になる場所も時間もないというときは、かわりに軽い運動を取り入れるといい。ストレッチや深呼吸をして、体の疲れをとってやろう。集中力が落ちてきたら、頭の疲れよりも、体の疲れに目を向けよう。

集中力を確実にアップするポイント〈3章〉

★ 飽きやすいタイプの人は、「能動的休息（アクティブレスト）」をとることで、集中力が持続する。

★「大きな集中力」が切れてしまったときは、より小さなことに集中してみる。

★ 集中するのに飽きたら、作業のやり方をすこし変えてみる。

★ 眠気が出てきたときは、思い切り伸びをしたり、顔を洗うと、脳が刺激されて集中力が蘇る。

★ コーヒーや紅茶は、飲みすぎるとカフェイン中毒になりかねないから、ここ一番というときに飲む。

★ 立ったままの作業は、体に緊張感を与え、集中力も高める。

★ 一定時間働いたあとは適度に休憩をとり、リズミカルに作業をすれば、集中力はキープできる。

★ いったん集中力が切れたときは、「回復の儀式」で気持ちを切り替える。

★ 飽きてきたら、作業場所を変えてみると、脳に刺激が送られて新たな集中力が生まれる。

★ ノルマの反復になりがちな作業は、飽きる手前でやめて、やる気を持続させる。

★ ゴロリと横になり体を休めるのが、途切れた集中力の究極の回復法。

4章

手強いスランプから すばやく脱出する集中術

◉停滞の壁をうち破りたいあなたへ――

スランプ時の集中術・1

他人ではなく「自分自身」と競争しなさい

どんなにがんばっても、なかなか成果があらわれないときがある。そんなときは、なかなか集中力もわいてこないものだが、こうしたスランプのときはどうすればいいのか?

この章では、そんなくじけそうになったときの対処法について、考えてみることにしたい。

さて、あらゆるスポーツ競技には、勝者と敗者がいる。勝者になるためには、ライバルとの戦いに勝たなければならないが、陸上競技の男子一〇〇メートルで〝アジア最速記録〟をもっている伊東浩司選手の場合は、ライバルではなく、自分と競争するようになってから、国際試合の大舞台で勝てるようになったという。

ほかの選手よりもどれだけ速く走れるかを競う陸上競技で、他人とではなく自分と競争するとは、すこし奇妙な話だが、これには次のような理由がある。

もともと、陸上競技には、〝人種のカベ〟があるとされてきた。とくに短距離走では、強い瞬発力が要求される。その瞬発力をつくる筋肉が、外国人選手は理想的に発達しているが、日本人選手はそうではない。伊東選手をはじめとする日本人選手は、外国人選手にくらべると体格的に不利といわれており、じっさいに国際試合で勝つことは困難だったのだ。

そんな状況下で、外国人選手と競って勝つことをイメージトレーニングしても、現実味がない。これでは勝利する自らのイメージを、うまく描くことができず、レースへの集中力もわいてこないのである。

そこで伊東選手は、外国人選手ではなく、自分と競争する、つまり過去の自分よりもすこしでも速く走ることを目標にした。これなら、自らの過去の記録を抜く自分がイメージしやすい。

こうして新たな目標をかかげた伊東選手は、国際試合でじょじょに好成績をおさめるようになったというわけである。

このメンタルトレーニング法は、アメリカの心理学

者のJ・S・ブルーナーによっても提唱されている。

ブルーナーは、ある学校の運動競技のやり方を例にあげる。

そこでは、それぞれの生徒に、自分自身の記録を抜くことを目標にさせる。他人と競わせるのではなく、自分自身の過去の記録と競わせるのは、伊東選手のやり方とおなじだが、こうすることで、生徒たちは皆、レースに全力投球できるようになったという。自分の記録を自分で塗り替えることで、生徒は自分の能力が増したことを実感。達成感を味わうことができたのだ。

仕事でも勉強でも、自分より優秀な人間があらわれると、人はおうおうにしてくじけそうになる。しかし、そんなときは、ライバルではなく、あえて過去の自分を目標にしてみてはいかがだろう。前の自分よりもすこしでも成長しようとすれば、やるべきことはおのずと見つかり、集中力もわいてくるはずだ。

スランプ時の集中術・2

身近な存在をライバルに設定する

前項で、「他人よりも自らをライバルにする」という話を紹介したが、もちろんライバルを思い浮かべることで、自らを奮《ふる》い立たせるというケースも少なくない。

たとえば、将棋の谷川浩司王位・棋王は、自分よりもすこしだけ強い兄が側にいたことで、将棋をつづけることができたといっている。

五歳のときに将棋を覚えた谷川氏は、兄によく勝負を挑んだ。将棋を習いはじめたのは同時期だったが、五歳の年齢差があったため、谷川氏はなかなか兄に勝てなかった。

しかし、兄が力をゆるめてくれたのか、ときには勝てることもあった。

そんな〝めったに勝てないライバル〟がいたからこそ、谷川氏は、夢中になって将棋を指しつづけることができたという。

谷川氏は、兄という具体的で自分と実力が近い目標があったからこそ、プロ棋士になれたといっている。

そして、最初から名人を目標にしていたら、実力があまりに離れすぎているので勝負にならず、挫折してい

たかもしれないともいっている。

おなじことは、経済アナリストの森永卓郎氏も指摘している。

森永氏によると、自分の能力を高めるためには、「身近なライバルを設定する」ことが必要であり、さらに、両者の実力の格差は小さければ小さいほどいいといっている。

厚生労働省のデータによると、同期のトップグループと比較して、五年以上自らの昇進が遅れた場合、およそ四分の三の労働者が出世競争から降りてしまうことがわかっている。しかし、昇進の差が二年以内なら、九割の労働者があきらめずに、出世を目指すというのだ。

やはり仕事上のライバルを設定して集中力ややる気を発揮するためには、実力が接近している身近な存在を選んだほうがいい。

これは仕事にかぎったことではなく、勉強やスポーツなども、身近に好敵手がいないと、なかなかやる気にならないものだと森永氏はいう。

くじけそうになったとき、ライバルの存在を思い浮かべれば、「負けてなるか！」と思えるもの。そんな、自分を奮い立たせてくれる存在がいる人は、ある意味で幸せだといえる。

スランプ時の集中術・3

好きなことを一つだけやめてみる

何か願い事をしているとき、日本では昔から「○○断《だ》ち」といって、好きなものをやめてしまう人がいる。一種の願かけ、迷信のように思っている人もいるだろうが、このやり方は、集中力を発揮《はっき》させるという意味ではかなり有効なのだ。

心理学者の岡本浩一氏は、大学受験を控えているときに、担任の先生から「趣味のギターをやめろ」といわれたことがあるという。

そのころ、岡本氏は、成績がいまひとつ伸び悩んでいたが、ギターの練習は一日一五分と決めていたので、ギター練習が、勉強のさまたげになっているとは考えられなかったという。

当然岡本氏は、先生に反発したが、それでも先生に強くやめるようにいわれたため、やむなくギターの練習を完全に断つことにした。すると、伸び悩んでいた成績がウソのように急上昇したというのだ。

岡本氏は、当時の自分を「受験勉強などにすべてを捧《ささ》げてたまるか」という思いがあったからこそ、ギターをつづけていたのではないかと振り返る。つまり、ギターをつづけることによって、無意識のうちに、「自分は受験勉強などに没頭しているわけではない」と言い訳していたというわけだ。

ところが、そのギターをとりあげられて、岡本氏は、受験勉強に全力投球せざるをえなくなった。その気持ちの変化が、成績上昇につながったというわけである。

この「好きなことをひとつだけやめてみる」という方法は、とくに高い集中力を必要とするときに有効だろう。

たとえば、是《ぜ》が非《ひ》でも失敗できないプレゼンテーションに向けて、全力を傾けたければ、大好きなものをひとつやめてみる。

こうして自分の生活がプレゼン一色になるように自分を追い詰めれば、ふだんとはちがう気合が入って、いやでも集中力はみなぎってくるはずだ。

ちなみに、岡本氏によると、やめるものは、習慣になっているぐらい、日常のなかにとけ込んでいるものがいいという。つまり、やめたことを意識する頻度《ひんど》が高いほうが、いまが重要なときであるという自覚を強めてくれるというわけだ。

断つものは、お酒やタバコなどの嗜好品《しこうひん》がおなじみだが、どうしてもそれらが無理な場合は、ほかのどんな趣味でも構わない。たとえば、インターネットやゲームが趣味で日課にしているという人は、これらを断つだけでもかなり意識が変わってくるはずだ。

なにも一生、好きなことを断つわけではない。すこしのあいだだけ我慢して、好きなものは目標達成したときのごほうびとしてとっておこう。

スランプ時の集中術・4

スランプの時は、思いきってノルマを減らせ

二〇〇三年の阪神タイガース優勝を一軍打撃コーチとして裏で支えた和田豊氏は、調子が悪いときに、ただ闇雲《やみくも》に練習するのはよくないと、自身のホームページで述べている。

それによると、大切なことは、スランプの原因を見きわめることで、もしそれが体力的なものであれば、すぐに練習量を減らすなどの休息が必要であると、和田氏はいう。

このように、スポーツの世界では、しばしばスランプにおちいったとき、練習量をふやすよりも、減らすという方法がとられることがある。

理由のひとつは、練習量が減れば、その分、疲れた体を回復させることができるからだ。ふたつ目は、反復練習への〝飽き〟がなくなり、練習を再開したとき、新

鮮な気持ちで取り組むことができるからである。

さらに、練習量が減れば、その分一つひとつの練習メニューを、以前よりも丁寧《ていねい》にこなすようになるので、練習内容の質が向上するということもある。

こうして、体力や気力が戻って、気持ちに余裕が生まれれば、いまの自分の実力がどれぐらいであるのか、スランプの原因が何であったのかということも客観的に判断できるようになる。

練習量を減らすと、「これではたして大丈夫なのか？」という不安が生まれることもたしかだが、その不安が、練習していないときでも、練習内容を意識させるようになる。その結果、新たな課題が見つかることも多いのだ。

スポーツにかぎらず、どんな世界でも、物事がうまくいっていないときに「休む」というのは、勇気のいることかもしれない。

しかし、スランプのときは、肉体的に疲労がたまっているというケースが多く、ときには休んだり、メニューを減らしたりすることも重要なのだ。

たとえば、営業が取引になかなか結びつかないときは、たしかにつらいものだ。また、これ以上できないぐらい語学の勉強をしているのに、成績が伸びないときも、どうしていいかわからなくなる。

でも、そんなときこそ、焦《あせ》らないこと。倍のノルマを設定して、自分を追い詰めるよりも、まずは半分でいいと割り切ってみてはどうだろう。体力気力が回復するまで、地道な活動をつづければ、スランプの原因もはっきりとわかってくるはずである。

スランプ時の集中術・5

集中できない時は、自分の「フォーム」を守りぬく

文芸評論家の福田和也氏は、ひと月に一〇〇冊の本を読み、四〇〇字詰め原稿用紙に換算して二八〇〇枚から三〇〇〇枚という、物書きのなかでも驚異的な分量を執筆《しっぴつ》することで知られる。

しかし、ここで「へぇ、すごいなぁ」のひと言で片づけてしまってはダメ。福田氏は、

質を落とさず量をこなせるようになるまで、試行錯誤《さくご》と失敗を重ね、自分なりの方法論を身につけた。そのスタイルのなかには、集中力にかんするコツも、もちろんある。

　評論を執筆するという作業には、締め切りもあるし、やるべきことも目標も、具体的にわかっている。締め切りのない書き下ろし小説などより、ゴールがはっきり見えており、やる気を引き出すのに必要な条件は、ある程度そろっていることになる。ところが、それでもやはり集中できない日がある。

　そんなとき、福田氏は、とにかく自分の「フォーム」を守ることが大切だという。福田氏の場合でいうと、まず机回りをどういうふうに整《ととの》えておくかにはじまって、執筆に必要な資料となる本をどのように読んでおくか、じっさいに執筆する時間といった自分の「型」を、はじめにきっちりつくっておく。そして集

中できないときは、そのフォームを死守することだけを考えるのだ。

順調にやっていたときのフォームを整えれば、自然と体がついてきて、いつの間にか仕事に打ち込むようになる。もちろん、それでも気持ちがどうしても乗らず、一向に進まない場合もあるだろう。そんなときでも、意地でもフォームを崩《くず》さず、じっとその状態を保つ。

彼自身、何度かあったスランプはすべてそのやり方で乗り切ってきたという。締め切りが近くなり、ホテルの一室に缶詰めになり、執筆できる環境を整えても、筆がなかなか進まない。けれど、彼はその書けるフォームを保ったまま机にずっとかじりつき——その間に三〇巻くらいのマンガを読み切ってしまったそうだが——締め切りに間に合うように無事に書き上げることができたという。つまり、集中してできる環境には、とにかくいつづけることが大切なのだ。

どんな仕事でも、集中できないときというものはあるものだ。たとえば、明日までに提出しなければならない報告書があるとする。書く内容はもちろんわかっている。やらねばならないのは十分承知しているはずなのに、体のほうがついていかない。集中力がうまく発揮できないときがある。

こんなときは、あなた自身の「フォーム」にとことんこだわってみることだ。そのためには、プロローグでも述べたように、自分が集中できている状態＝〝集中ゾーン〟を知っておく必要がある。一〇人いれば一〇人のちがった型やアプローチになるはずだから、自分なりのやり方を確立しておくといい。

スランプ時の集中術・6

「プラスのイメージ」だけを思い浮かべよ

スポーツの世界では、イメージトレーニングを取り入れている選手が少なくない。たとえばプロ野球では、現在、古巣の横浜ベイスターズで活躍している佐々木主浩《かずひろ》投手もそのひとりだ。彼は、失敗しても、つねにプラスのイメージを描ける名人だという。

たとえば、ある試合の最終回に登板して、ヒットを連打されたとする。しかし、それでも無失点に抑《おさ》えることに成功したら、彼は「打たれた」ことよりも「無失点に抑えた」ことだけを強く脳裏に刻み込むという。最後の打者を打ち取り、試合に勝った喜びだけを胸にしまっておけば、打たれたことなどすぐに忘れてしまい、次の登板機会にもいいイメージをもって臨めるというわけだ。

もちろん、ときには、後続打者を抑えきれず、佐々木投手でも逆転されてしまうこともある。しかし、そんなときは、逆転打を打たれたことは忘れて、その前に強打者を三振に斬ってとったことだけを記憶する。これで、負けた記憶やマイナスのイメージを払拭《ふっしょく》してしまうわけである。

よくいわれることだが、イメージトレーニングを重ねて、自らが成功する姿をイメージできるようになると、同時に悪いイメージも描けてしまうことがある。過去に失敗したことや、いやな思い出がありありとよみがえってきて、どうせ今回もうまくいかないに決まっていると、つい思ってしまうのだ。

そんなときこそ、佐々木選手のやり方は参考になるだろう。浮かんでしまった悪いイメージの上に、次々といいイメージを上塗《うわぬ》りすればいいのだ。

このように、自分が成功した経験だけを、強く頭のなかでリピートする習慣をつければ、悪いイメージに引っぱられて、萎縮《いしゅく》することもなくなってくる。

心理学者のJ・W・アトキンソンは、いくらやる気があっても、「失敗するのではないか」という思いが強いと、物事をやり抜く可能性は小さくなると指摘している。たとえば、はじめてスキーを習うとき、「早くかっこよく滑れるようになりたい」と思う人と、「滑って転んで、骨折したらどうしよう」と思う人では、後者のほうが強いマイナス思考に支配されて、どうしても上達が遅くなるという。これは、プラスのイメージがもてず、失敗したときのことを考えて強い不安感をもっていると、行動が制限されて、集中力がそがれてしまうからだ。

だから弱気になってきたら、「大丈夫」と心を落ち着かせて、プラスのイメージだけを、思い浮かべるようにしよう。くり返していけば、だんだんとその気になってくるはずだ。

スランプ時の集中術・7

マイナス思考は「でも」のひと言で切り替えよ

前項では、「プラスのイメージだけを思い浮かべる」ことの効用を紹介した。しかし、じっさいは、これができなくて苦労している人も多いかもしれない。

たしかに、波に乗っているときは、誰でもプラス思考ができる。しかし、一度スランプにおちいったり、心理的に追い詰められると、ついマイナスのことを考えたくなるのが人情というものだろう。

では、そういうときはどうすればいいか？

他人の力を借りることができないとしたら、答えは、おそらくひとつしかない。それは、自分で「でも」とつぶやいて、気持ちを切り替えるのだ。

マイナス思考から、プラス思考に気持ちを切り替えたいときは、一度だめな自分を認めたうえで、「でも……」と切り返してみる。「でも、まだ完全に終わったわけではない。ここで頑張れば挽回《ばんかい》できるじゃないか」と。

落ち込んだときこそ、こまめに自分自身を励《はげ》ますことだ。マイナス思考にはまって、身動きがとれなくなる前に、自分で自分を助け出してやるのだ。

さらに、「でも……」は、心のなかでそう思うだけ

でなく、じっさいに声に出していったほうがいい。一種の自己暗示だが、声に出すことにはそれなりの意味がある。

人間の脳には、自分が発した言葉にしたがって、物事を実行しようとするはたらきがある。だから、落ち込みそうになったら「でも、まだ大丈夫」と脳に話しかければ、ほんとうにそのような気になってくるのだ。

たとえば、「今回もまた、会議で思っていることがうまく説明できなかった」と落ち込んだら、「でも、皆の意見を聞いているうちに、すこしアイデアが出てきたから、来週の会議までにはすこし考えをまとめてみよう」と「でも」をつけて、気持ちを切り替えてみる。

仕事以外の悩みも同様だ。「こんなにダイエットをがんばっているのに、この二週間、まったく体重が減らなくなってしまった」と焦っているときは、「でも、体重はふえてもいないのだから、もうすこしがんばったら、また減りはじめるかもしれない」と思えばいい。これで、ふたたびやる気を、持続させることができる。

その場で声に出せないときは、心のなかでつぶやいてみる。マイナス思考にハマりそうになったときは、まずはそうやって自分で自分を鼓舞《こぶ》する。ここでズルズルとマイナス思考にハマッてしまうと、簡単には浮上できなくなる。スランプから脱出して、いつもの集中力を発揮するためには、やはり「早期発見・早期治療」が大切なのだ。

スランプ時の集中術・8

時には「過去の失敗」を思いだし、自分を鼓舞する

前に、イメージトレーニングの方法として、プラスイメージだけを記憶しておくという佐々木投手の方法を紹介したが、じつはその反対の方法もある。

たとえば西武ライオンズのエース、松坂大輔投手は、試合に負けたVTRを時々見返しては、そのときの悔《くや》しかった感情を思い出すようにしているという。

一般的な方法としては、負けたときのマイナスイメージが残ってしまわないよう、いいイメージだけを頭に残しておくのがふつうだが、松坂投手の場合は、昔味わった屈辱《くつじょく》感《かん》を思い出しては、それをバネにしているということになるだろう。これは、一種のショック療《りょう》法《ほう》といえ、もちろん効果はある。

人間は、何かに失敗したり、恥をかいたりすると、カッと熱くなって興奮する。しかし、このときの「なにくそ」という思いは、確実に人を成長させる。悔しさから、頭にカーッと血がのぼっているときは、ふだん出ないようなやる気と集中力が

わき出てくるのだ。よく、予選を不本意な結果で通過した選手が、本番で逆転勝利をおさめることがあるが、これは「悔しい」という負のパワーが、よい方向にはたらいたからだろう。

さらに、松坂選手のように、じっさいに体験した悔しい出来事を映像で追体験すれば、その悔しさは、いっそう増してくる。「今度の試合には勝つぞ、頑張ろう」より、「もう二度とあんな負け方はしたくない。絶対に勝ちたい」のほうが、より集中力が高まることはいうまでもない。

ロス五輪で金メダルを獲得した柔道の山下泰裕《やすひろ》氏も、現役時代、つらい練習にくじけそうになると、負けた試合のことを頭に描きながら「あの悔しさは、もう二度と味わいたくない」と思ったという。おそらく、シドニー五輪で金メダルを獲得した田村亮子（現、谷亮子）さんも、アトランタ五輪の決勝で伏兵《ふくへい》といわれた選手に敗れた悔しさがあったからこそ、四年間の猛練習に耐えられたのだ。

こうしたことは仕事や勉強にもいえる。誰でも失敗のひとつやふたつあるものだが、たんに「次のプレゼン、頑張るぞ」と思うより、「以前、調べが甘くて恥をかいたことがあった。もう二度とおなじ過ちはしたくない。だから頑張ろう」と過去の失敗をふりかえりながら、決意を固めたほうが、よりやる気は出てくるはずだ。

「喉元《のどもと》すぎれば、熱さ忘れる」とよくいうが、ときには過去の失敗を思い出して、自分のやる気に火をつけてみる。とくにくじけそうになったときには、そんなショック療法も必要だろう。

スランプ時の集中術・9

終わった仕事はすぐに忘れ、次の仕事に集中すべし

巨人軍の長嶋茂雄・終身名誉監督には逸話《いつわ》がつきないが、まだ現役だったころのこんな話がある。

彼がデビュー戦で金田正一投手と対戦したときのこと。このとき長嶋選手は四打席4三振で金田投手に完敗したのは有名だが、金田投手は、このときすでにこのルーキーのおそろしさを見抜いていたという。

たとえば並の打者であれば、一打席目、二打席目と大振りして三振したら、三打席目くらいからはボールをバットにすこしでもあてようとする。前の打席のことを覚えていて、何かしら影響してしまうのだ。

しかし、長嶋選手は三打席目も大振りして三振。四打席目も、前の打席の結果にとらわれず、まるでいままで一度も三振していないかのようにバットを振ってきた。

打席に入るたびに初心のごとくバッターボックスに立つルーキーに、金田投手はただならぬものを感じたという。

集中力の極意は、現役時代の長嶋監督のように「忘れること」にあるといってもいい。

集中力をつけるというと、意識をいかに一点に集めるかということばかり問題にされるが——もちろんそれは大前提なのだが——、一点に注いだ意識を自由自在に〝移動〟させる能力も重要なのだ。

集中すべき対象はどんどん変わっていくもの。前のことをいつまでも覚えていては、次のターゲットに意識を切り替えられない。忘れられないことが足かせとなり、目の前に集中できなくなるのだ。

先ごろ世界ゴルフ殿堂入りを果たした青木功プロは、一八ホールを集中してまわるために、そのホールでのミスはすぐに忘れ、次のホールに気持ちを切り替えることが大切だと説く。ミスを悔やんでいたら、いつまでたっても集中できないと彼はいう。

また、映画字幕翻訳家の戸田奈津子さんも、いくつもの映画を同時進行で訳していかなければならないときは、別の映画になったら前の映画はすっかり忘れ、徹底的に目の前のものに没頭するという。

ＮＨＫの『新選組』で活躍する香取慎吾さんも、多忙なスケジュールのなかでセリフを覚えるために、一回で撮るセリフを撮影前日に集中して覚え、本番が終わったらすぐに忘れる。そして、また次回のセリフを覚えることに専念するという作業をくり返しているという。

各方面で活躍している人たちが、終わったことは忘れ、集中を次の目標にしっかり移動させているのがよくわかる。

仕事や勉強でうまくいかないことがあると、いつまでもクヨクヨしてしまいがちで、いま取り組んでいることにたいしても気もそぞろになる。

すると、またミスをする↓落ち込む↓気もそぞろになる……という悪循環《あくじゅんかん》におちいってしまいがちなので要注意だ。

スランプ時の集中術・10

極度のスランプならば、目標を設定しなおそう

プロローグで、目標は高めに設定するのが原則だと述べたが、例外もある。それは、心身ともに疲労して、どうしてもやる気がおきないとき。別な言い方をすれば、極度のスランプにおちいったときである。

そんなときは、高めの目標に向かっていくのは、時間の無駄。けっきょくは、気持ちが空回りして上手くいかず、ストレスがたまって、イライラするのが関《せき》の山ということになる。極度のスランプにおちいったときは、目標を低めに設定しなおすこと。そして、とにかく達成感を味わうことだ。

こうして、ささいなことでも成功すれば、自信がつき、再び気分を盛りかえすことができる。テスト問題を解くときに、やさしい問題からはじめるとやる気が出て、難しい問題も解けるようになるのとおなじである。一つひとつ、成功体験を積んで、自信を回復させることが大切なのだ。

たとえば、リハビリテーションがうまくいく人は、低めの目標を立てるのがうまいという。リハビリがうまく回復が早い人は、まずベッドで寝ている状態から、そ

の場で松葉杖《まつばづえ》を使って立ち上がることを目標にし、その小さな成功を喜ぶという。

反対に、最初から歩こうとしたり、高い目標をかかげる人ほど、現実とのギャップに悲観して、気力をなくし、回復が遅くなるという。やはりスランプにおちいったときには、低い目標を立てたほうが賢明《けんめい》なのである。

ダイエットを例にとっても、途中で挫折《ざせつ》する人には、最初から「夏までに一〇キロ減」などという無理な目標を立てるケースが多い。

しかし、高い目標を前に、途中で挫折するくらいなら、まずは二キロでも落とすことを目標にすれば、実現できそうな数字を前に気力がつづき、成功する可能性はぐっと高くなる。

たとえ二キロでも減量に成功すれば、体のラインが微妙に変わってきて、すこしだけズボンがゆるくなったり、体が軽くなったりする。するとはずみがついて、もうすこし痩《や》せてみようかなという気になる。一〇キロの減量という大目標は、そうした小さな目標をひとつずつクリアした結果、自然にもたらされるというのが理想的で、そこには無理がないから、結果としてリバウンドも少なくなる。

とにかく、スランプ時にもっとも必要なことは、自信を回復させること。そのためには、小さなことでも、一つひとつ地道に達成していくことが大切なのだ。

集中力を確実にアップするポイント〈4章〉

★ スランプのときは、「自分」との競争で達成感を味わうようにすれば、集中力がわいてくる。

★ 集中力を高めるには、自分と実力が近いライバルを設定し、自らを奮い立たせるのも有効。

★ 好きなことをひとつ断つだけで、人はふだんよりも作業に集中できる。

★ スランプのときは、あえて作業量を減らし、気力体力を回復させることに専念する。

★ どんなにスランプ状態のときも、自分の「フォーム」を守っていれば、集中力がわいてくる。

★ スランプのときは、できるだけプラス思考をし、マイナス思考は「でも」のひと言で切り替える。

★ ときには、あえて過去の悔しい体験を思い浮かべるのも、スランプを打ち破る原動力となる。

★ 失敗はすぐに忘れ、次の作業に気持ちを切り替えるのが、スランプを防ぐポイント。

★ 極度のスランプにおちいったときは、目標を低めに設定しなおすことも大切。

5章

ここ一番の大舞台で実力を出しきる集中術

◉プレッシャーを克服したいあなたへ——

ここ一番での集中術・1

集中の極意は「リラックス」にあり

重要な会議や試験など、誰でも集中力を発揮《はっき》しなければならない、「ここぞ」という場面がある。この章では、そんなシーンでのノウハウについて紹介していくことにしよう。

以前、あるテレビ番組で、プロ棋士《きし》の羽生善治《はぶよしはる》さんの脳波を専門家が測定したことがあった。すると、対局中に頭をフル回転させている羽生氏の脳には、リラックス時に発生している α《アルファ》 波と、緊張時に発生する β《ベータ》 波が、一定のリズムで出現していることがわかった。

これは、理想的な集中の形だった。つまり、α 波や β 波だけが全体に出つづけているのではなく、α 波と β 波の状態が交互に出るという状態は、別な言い方をすれば、羽生さんは対局中、「リラックスしながら、集中していた」ということになる。これこそが理想的な集中のしかたというわけである。

おなじように、集中しながらリラックスすることに長《た》けていたのは、現在も大リーグで活躍中のイチロー選手である。まだ日本で活躍していた時代、イチロー選手の脳波を調べたところ、九一パーセントがミッドα波で占められていたという。

このミッドα波とは、リラックスしながらも、一方で集中できていることをあらわす脳波だ。野球選手の場合は、通常、この値が低いとミスが目立つが、反対に六〇パーセントを超えると、ほとんどのミスプレーが消えるという。九一パーセントという、驚異的な数値をもつイチロー選手は、プレー中、理想的な形で集中できていたというわけだ。

もちろん、これは、野球選手や棋士だけにかぎった話ではない。たとえば、飛行中のパイロットも、リラックスしながら集中して、日々の業務にあたっているという。なぜならパイロットは、つねにおびただしい数の計器類やランプに、目を光らせなければならない。したがって、ある面では力をぬいてリラックスしていないと、集中力を長い時間キープすることができないのだ。

これらのことからわかるのは、肩に力を入れてひとつのことに没頭するだけが、集中ではないということ。長い時間集中力をキープしたかったら、同時にリラックスすることも取り入れていくことが、重要なのだ。

プロゴルファーの坂田信弘氏も、ある雑誌のインタビューで、集中するとは、心を疲れさせることではないと述べている。むしろ、集中すればするほど、爽快感《そうかいかん》が出てくるというのが、坂田氏の持論である。

だから坂田氏は、コースに出ると、さりげなく自然体でプレーをするという。集中しなければと思うと、力んでしまって、いまもっている力を発揮できなくなるからだ。

肩の力を抜いて、集中する。これが集中の極意《ごくい》なのだ。

ここ一番での集中術・2

「適度な緊張感」が本物の集中力を生む

大ベテランのプロゴルファー・中村寅吉氏によると、緊張してもいいショットが出るのがプロで、ミスが出るのがアマだという。プロでもアマでも、緊張するのはおなじだが、それを味方につけられるのがプロというわけだ。

たしかにアマチュアは、緊張すると、「こんなに緊張していては、いいショットなど出ない。肩の力を抜かなければ」と思い、かえって自分を追い詰めてしまうところがある。そして、そう思えば思うほど、体がこわばって、よりいっそう緊張してしまい、実力を発揮できなくなる。

大事な場面では、誰でもある程度は緊張するのだから、「緊張して当たり前だ」「緊張したほうがかえって集中できるはず」ぐらいに思ったほうがいい。

肩の力を抜いて集中することが、集中の極意だと先述したが、これもおなじことだ。「集中するためには緊張も必要なのだ」と、緊張することを前提としておけば、不必要にあがることなく、適度にリラックスしてくる。そしてプロのような、いい集中力を発揮することができる。

反対に、リラックスしきっていて、まったく緊張感がないようでは、理想的な集

中の形は得られない。適度な緊張感あってこそ集中力は発揮される。だから、いい形で緊張感を味方につける必要がある。

たとえば、重要なプレゼンをおこなうとき、皆の視線がいっせいに自分に注がれれば、誰だって多少なりとも緊張してしまうが、そんなときこそ、「多少あがっても当たり前だ。いまならふだんよりも力が出せるかもしれない」と思えば、かなり気持ちがラクになる。じっさいに、こうして緊張感を味方につければ、実力以上の力が出せて、いい結果が得られることが多い。

また、資格試験を受験するときもおなじだ。たとえ、むずかしい問題ばかり並んでいても、「緊張したらだめだ。今回を逃したら、次のテストは一年後なんだぞ」などと、言い聞かせてはいけない。変なプレッシャーがかかって、かえってボロボロになってしまう。まずは、適度な緊張感が集中力を生むことを思い出して、自分自身をコントロールしよう。

ここ一番での集中術・3

集中力のピークは本番のすこし前に合わせよ

ここ一番というときに、集中力をピークにもっていく——それを毎日のようにくり返しているのが、プロ野球のクローザー（抑え投手）だろう。

クローザーは、先発投手とちがって、試合の最終盤に登場する。そのため、待っているあいだに気持ちをつくり、集中力を高めておく必要があるのはむろんだが、試合の流れによっては、出番がなかったりするから、じつにやっかいな仕事だ。

では、そんな不確かな条件のなかで、クローザーはどのようにして、ここ一番に向けて、集中力をピークにもっていくのだろうか。クローザーといえばこの人、佐々木主浩《かずひろ》投手を例にとってみよう。

彼の場合はまず、六回まではテレビモニターを見ながら、一ファンのつもりで試合を観戦するという。ほかの選手といっしょに、冗談を言い合いながら、ゲームの序盤をリラックスタイムにあてるのだ。

そして、七回表にさしかかると、パッと話をやめて、モニターに集中する。こうして急に行動を変えることによって、佐々木投手は、自分の気分ちをうまく切り替えてしまうのだ。

もうひとつ、佐々木投手の場合は、七回の段階で、一度、自分の集中力をピークにもっていくともいう。

たしかに、この時点では、まだ登板があるかどうかはわからない。しかし、八回裏によばれて、それからあわてて集中しても、集中力のピークを本番にもっていくことはむずかしい。それなら、七回で一度集中力をピークにもっていき、よばれたときに再度、落ちかけていた集中力をまた引き上げていったほうがいい。このほうが、ゼロの状態から一〇〇パーセントに集中力を高めていくよりも、短時間ですみ、効率的というわけである。

ビジネスの世界でも、このやり方は十分つかえそうだ。ここ一番で集中してバシッと決めたいという人は、たとえば大事な商談に出かける前に、会社でひとつ、集中力を必要とする仕事を片付けて、気持ちを十分に高めておくのだ。

こうしておけば、本番までに一度は集中力が低下しても問題がない。一度テンションを上げてあるので、短時間で修復することができるというわけだ。

ここ一番での集中術・4

「楽観的なイメージ」が集中力を格段に高める

長嶋茂雄・巨人軍終身名誉監督は、かつて「ベストを出しきってダメだったとしても、明日はきっといいことがあると信じて、バットを振ってきた」といった。

この姿勢には、じつに見習うべきところが多い。なぜなら「明日こそは」と楽観的なイメージをもつことは、気持ちにゆとりを与え、ここ一番での集中力を格段に高めてくれるからだ。

逆に「こんなに頑張ったのに、今日もダメだった。明日もきっとダメにちがいない」などと、悲観的な思いに支配されては、不安感や余計な雑念が噴出《ふんしゅつ》して、物事に集中できなくなってしまう。これでは、自らつくり上げたプレッシャーに押しつぶされるだけ。実力を発揮することはむずかしいだろう。

それよりも、「明日はいいことがあるはずだ」というイメージをもって、余計な不安はかかえないことだ。

じっさい、ある実験によると、自分にかんして楽観的なイメージをもつ人は、より効果的に、頭をつかえることがわかっている。

実験では、Aグループの被験者に、「営業成績が上がった」「好きな人とデートで

きた」などの、自分たちに都合のいいイメージを思い浮かべてもらい、反対にBグループの被験者には、「成績が伸び悩んでいる」「好きな人にふられた」といった悪いイメージを頭に描いてもらった。

そして、ひとつのキーワードを決め、そこから連想する言葉を、両グループともども言い合ってもらったところ、いいイメージを描いていたAグループの被験者たちのほうが、連想率が二割ほど上回るという結果が出た。

このことからも、楽観的なイメージをもっているほうが、発想が豊かで柔軟になることがおわかりになるはず。プラスのイメージを思い浮かべることは、精神を集中させる上で、欠くことのできない要素だったのだ。

というわけで、とかく悲観的になりがちな人は、何でもいいからプラスのイメージをもつようにするといい。

それでも、楽観的な発想をするのが苦手な人は、ささいなことでも「ツイてるな」と思うようにしよう。それは、ホームに着いたとたんに電車がきて、スムーズに移動ができたとか、ずっと探していた本が近所の本屋で見つかったとか、どんな小さなことでも構わない。ささいなことでも、それをきっかけに自分のイメージをプラスに転じることができるのだ。

ここ一番での集中術・5
どんな時でも「冷静さ」を失わないこと

プロ棋士の谷川浩司氏は、『集中力』という本のなかで、対局相手にまつわるおもしろいエピソードを紹介している。

それによると、棋士のなかにも、ずいぶんとくせのある人がいるという。たとえば、対局中に突然立ち上がって、対局相手の後ろから盤面を覗き込む棋士や、くせのあるカラ咳《せき》をする棋士。ほかにも、マスの真ん中にきちんと駒を並べない棋士や、自分が波に乗りだしたとたんに、パチーンと勢いよく駒音を立てはじめる棋士もいるという。

これでは、いくら集中しようとしてもイライラさせられることもありそう。じっさい、谷川氏も、対局中は神経がふだんよりも過敏になっているので、ささいなことで、集中力がかき乱されることがあると述べている。調子のいいときには気にならなくても、局面が苦しくなると、どうしても相手のささいなことが気になってしまうというのだ。

だからこそ、集中力を維持《いじ》するためには、感情をコントロールしなければならな

いと谷川氏はいう。イライラして冷静さを失うと、けっきょくは自分を見失い、勝負に負けてしまうからだ。焦《あせ》らず、そしてあきらめず、自分のペースを守り抜く。これが谷川氏のモットーなのだ。

これは、もちろん勝負にかぎったことではない。仕事をする上でも、集中したいときにかぎって、周囲でイライラするようなことが起こることがしばしばある。たとえば、いたずらに口を出してきては、こちらの手順を狂わせる上司、こちらが指示を出さないと何も動こうとしない部下、忙しいときにかぎって、次から次へと入る電話とメール……。

こんな状況では、誰でもついイライラしてしまうものだが、怒ったところで問題は解決しない。まずは、冷静さを取り戻さないと、自分自身も仕事に集中することができず、ミスをおかしてしまうかもしれない。

だから「イライラしてきたな」と思ったら、外の空気を吸うなり、お茶を飲むなり、まずは自分の気持ちをクールダウンさせることだ。その分、時間はとられても、頭に血がのぼった状態のままでいるよりは、結果はずっといいはずである。

こうして冷静になったら、一つひとつ仕事をこなしていく。これが、周囲の雑音にまどわされることなく仕事をする極意といえる。

ここ一番での集中術・6

自分が集中すべき対象をハッキリさせよ

NYヤンキースの松井秀喜選手の愛読書として話題になった、『野球のメンタルトレーニング』の著者、ハーベイ・A・ドルフマンによると、高い集中力を発揮できる選手は、自分が何に注意すべきか、具体的によく知っているという。

野球でいうと、ただ漠然《ばくぜん》とボールを見て集中しようとする選手よりも、たとえばボールの回転をよく見ようとするなど、注意すべき焦点が細かいバッターほど、高い集中力を発揮できるというのだ。

この方法は、集中しようとすると、かえって雑念が入ってうまくいかないタイプの人におすすめである。

集中しよう、集中しようと「集中することにこだわる」人は、案外、何に自分が注意したらいいのか、具体的にわかっていないことが多い。そして、浮かんでくる雑念を振り払うことばかりに注意を向けてしまい、かえって気を散らせ、集中力を低下させてしまうのだ。

そういうタイプの人は、「今日は～に注意をしてみよう」と対象をはっきりさせたほうがいい。ひとつのことに注意していれば、余計なことを考えなくなるため、簡単に意識を集中させることができるようになる。

たとえば、人前で何かを説明するとき、さまざまな雑念が入ってどうしても集中できないという人は、「今日は大きな声で、はっきりと話そう」と、ひとつのことだけに注意を払ってみる。

こうすれば「この説明でわかってもらえるだろうか」「課長はどう思っているだろうか」などと考えるヒマがない。

むしろ聞いている人には、はっきりと大きな声で話しているだけに、よく声が届き、ふだんよりも好印象を与えることができるはずだ。

ここ一番で、気持ちを集中させるには、目の前の小さなことだけに注意を向けるのがコツ。「前は、ここで失敗した」とか、「今回も失敗したら、この先どうなるだろう」などと、過去や未来のことに注意を向けてはならない。

ここ一番での集中術・7

大舞台では全ての動作を「スロー」にする

集中力を高めるためには、すべての動作を意図的にスローにする――これは、プロゴルフの世界でジャック・ニクラウスの後継者といわれたトム・ワトソンの言葉である。

ふつうは、ここ一番で集中したいときこそ、キビキビと行動したほうがよさそうだが、ワトソンはそうは考えない。

なぜなら、ゴルフでは、「このパットは絶対に外せない」などとプレッシャーがかかると、どうしてもプレーが早くなってしまうからだ。

ゴルフの場合、大きな大会になればなるほど、体にのしかかってくるプレッシャーやストレスは想像を絶するものだと、ワトソンはいう。そこでワトソンは、プレー中の行動を意図的にスローペースにすることで、プレッシャーをはねのけ、集中力を発揮しようとしていたわけだ。

これは、ゴルフにかぎらず、あがり症の人や、せっかちな人にもおおいに参考に

なる方法だろう。

たとえば、試験問題を解くときに、焦って集中できない人は、まずは落ち着いて自分の名前をゆっくり書いてみる。どんなに丁寧《ていねい》に書いたところで、ほんの一〇秒程度のことだから、たいした時間の無駄にはならない。

むしろ、時間がもったいないとばかりに、できるだけ早く名前を書いて、その後の時間も「早く早く」と焦りつづけるよりは、ずっと心が落ち着くはず。高い集中力は、平常心でこそ発揮できるのだ。

また、つねにせかせかと動いていて、「時間がない」が口癖《くちぐせ》という人や、いつも何かをしていないと落ち着かないという人も、ここぞというときは、意識的にスローペースで行動してみる。

「いま自分は焦っているな」と意識しながらゆっくり行動すると、自分を客観視する余裕が生まれる。結果として、いつもよりも静かに、集中力を高めることができるのだ。

じっさい、焦りながらテスト問題を解くと、冷静になって考えるよりもかえって時間がかかってしまうように、いたずらに焦ってジタバタしても、気が散って、思ったほどには集中できないもの。焦っているときは、まずは、焦っている自分を冷静に認識することである。

ここ一番での集中術・8

集中力を出しきるために腹式呼吸の習慣を

ヨガ、気功、太極拳、座禅《ざぜん》……これらすべての基本となっている呼吸法が、腹式呼吸である。

何かとストレスの多い生活を送っていると、交感神経が優位になるため、体はつねに緊張状態になりがち。

しかし、ゆったりと腹式呼吸をすると、副交感神経が活発になるため、緊張が解け、体のバランスを元に戻すことができる。

さらに、腹式呼吸をすると、抹消血管《まっしょうけっかん》が拡張するため、血圧が下がり、心拍数

も減少する。つまり腹式呼吸は、自分の精神状態を、自由にコントロールできる呼吸法というわけだ。

だから心を落ち着けたいときや、物事に集中したいときには、腹式呼吸をするといい。いざ本番というときに、発揮できる集中力を身につけるためにも、まずはこの腹式呼吸をマスターしよう。

コツは、まず息を完全に吐き切ること。深呼吸でもそうだが、呼吸法というと、最初に息を吸ってしまう人がいる。が、これは間違い。呼吸法でもっとも大切なことは、いかに息を吐き切るかにある。

だからまず、口から息を吐き切ってしまうつもりで、がんばること。お腹が凹《へこ》むくらいまで、息を吐き切ってしまおう。

次に、お腹に手をあて、ふくらむように意識しながら、鼻からゆっくり息を吸う。

すでに息を吐き切っているので、息は自然と入ってくる。

また、慣れるまでお腹がふくらむ感じがつかめない場合は、仰向けに寝転がってやると、特別意識をしなくても、腹式呼吸になるはずだ。

こうして、なんとなく感じがつかめたら、イスに座って、背筋を伸ばしてもう一度チャレンジしよう。

ただし、体に力は入れないこと。軽く目を閉じて、リラックスしながら、ゆっくり呼吸をするのが、腹式呼吸のポイントである。すると、気持ちが落ち着いてきて、手足もポカポカと温まってくる。

腹式呼吸は、思い出したように時々おこなうのではなく、継続することが大切だといわれている。

精神集中だけでなく、健康にもよいとされているので、習慣にしてみてはいかがだろうか。

ここ一番での集中術・9

「ここ一番」の前には気持ちを高める音楽を聴く

マラソンランナーの高橋尚子選手が、シドニー五輪で、スタート直前に、ｈｉｔ

ｏｍｉの「ＬＯＶＥ２０００」を聴きながら気持ちを高めていた話は有名だ。

ほかのライバル選手が、極度の緊張感でピリピリしていたなか、高橋選手は、ヘッドホンで音楽を聴きながら、楽しそうに踊っていた。結果、ライバル選手を次々と抜き去り、金メダルを獲得。彼女が「すごく楽しい四二キロでした」といってのけたことは、まだ記憶に新しい。

この例からもわかるように、気持ちを盛り上げたいときや、やる気を出したいとき、あるいはリラックスしたいときは、好きな音楽を聴くのもいい。

元気が出る明るい曲を聴けば、気持ちが鼓舞《こぶ》されて、過度な緊張感を取り除くことができる。

また、あらかじめ特定の音楽を何度も聴いておき、プラスのイメージを頭に植えつけておくと、より高い効果が期待できるともいわれている。

バレーボールの世界で、〝世界のリベロ〟として名を馳《は》せた西村晃一選手も、音楽とプラスイメージを頭のなかで結びつけて、イメージトレーニングをしているひとりだ。

あるインタビューによると、西村選手は、『トップガン』や『ロッキー』などの、気持ちを高める曲を聴きながら、勝った試合のイメージを何度も頭に描いて、イメージトレーニングをするのだという。

これは、ここぞというときにやる気を出したい場合にとくに有効だろう。特定の音楽と勝利のイメージが結びつけば、その音楽を聴くだけで、条件反射のように勝てるという気持ちを呼び起こすことができる。

そのためには、このイメージトレーニングは、ここ一番という大事な日の、一か月ぐらい前からおこなっていたほうがいい。

まずは、何でもいいので、気持ちが高揚《こうよう》する曲を一曲選んで、一日三回程度その曲を聴く習慣をつける。そして曲を聴きながら、自分が勝利する姿を何度も強くイメージするのだ。

コツは、この準備期間中に、なるべくほかの曲を聴かないこと。特定の音楽とイメージを結びつけているあいだは、使用する曲を一曲にかぎったほうが、気持ちのなかでその曲が占める割合が大きくなるからだ。

これで準備は完了だ。あとは、大事な商談をまとめたいときや、資格試験に絶対合格したいときなど、ここ一番の勝負に出るときに、準備しておいた曲を聴けばいい。本番直前に感じる不安や、雑念がかき消され、自信とやる気がみなぎり、集中力もぐんと高まるはずだ。

集中力を確実にアップするポイント〈5章〉

★ 集中力を長時間キープしたかったら、自然体でリラックスするよう心がける。

★ それでも緊張してしまう人は、多少の緊張を感じるのは当たり前、と開き直ったほうが集中できる。

★ 本番前に、一度集中力をピークにもっていくと、いざ本番になってもスムーズに集中できる。

★ 周囲でイライラするようなことが起きても、冷静さを保つのが集中力をキープする秘訣。

★ ここ一番というときは、すべての動作を意識的にスローにすると、焦らず作業に集中できる。

★ 気持ちを落ち着かせる効果がある、腹式呼吸をマスターすれば、大舞台でも集中力を発揮できる。

★ 自分の気持ちを高める「勝負曲」をつくり、ここ一番で聴けば、集中力もぐんと高まる。

6章

ますます集中力に磨きをかける日常のトレーニング習慣

◉グレードアップを狙うあなたへ――

集中力の強化術・1

「すきま時間」の作業で集中力を養う

作家の椎名誠氏は、鞄《かばん》のなかにいつも原稿用紙を入れて持ち歩き、移動中にも執筆《しっぴつ》活動をしているという。

多忙な著名人は、このようにわずかな時間を見つけては、仕事をこなすことが多いという。テレビに頻繁に出演する評論家が、雑誌の連載を多数抱えていたりすると、いったいいつ原稿を書いているのだろうと素朴《そぼく》な疑問がわくが、彼らは車のなかや、出番を待っているあいだなどの、すきま時間を上手につかって原稿を書いていることが多いのだ。そして、じつはこうした習慣こそが、彼らの集中力の源泉になっているのである。

たとえば作業をする時間が三時間も四時間もあると、つい気持ちが中だるみしてしまうものだが、ほんの一〇分や二〇分ならどうだろう。時間が短いので、たいていの人が飽きる間もなく、作業に集中することができるはずだ。

だから、集中力をアップさせるためには、まずはすきま時間に仕事をするクセをつけてみよう。

たとえば、待ち時間。「電車やバスで目的地につくまでのあいだ」「会社についてから業務がはじまるまでのあいだ」「銀行や郵便局で順番待ちをしているあいだ」「定食屋で食事が出てくるまでのあいだ」など、日常世界には待ち時間がかなりある。

たとえ短い時間でも、毎回何かに集中していれば、チリも積もれば山となる。いままで何をするでもなかった時間に、何かに集中できたのなら、仕事もすこしは片づくというものである。

さらに慣れてきたら、小さなことでいいので、すきま時間で何をやるか、目標を明確にしておく。

たとえば、「出勤する電車のなかでは、ひとつだけ企画を考える」「銀行で並んでいるときは、英単語を三つ覚える」「バスのなかでは、英会話のテープを一〇分聴く」など、何でもいい。時間にかぎりがあるので、だらだらと考えるより、いいアイデアが思いつい

たり、すばやく単語を暗記できる。

こうして、短い時間でパッと集中できるようになれば、しめたものだ。これで、ここぞという大事な局面で、より高い集中力を発揮《はっき》することができるはずだ。

集中力の強化術・2

作業を早く終わらせる方法をつねに考える

かつて日本物理学会の会長を務めた慶応大学理工学部教授の米沢富美子氏は、ある雑誌のインタビューに答えて、子育てや家事があったからこそ集中力がついたと述べている。

米沢氏は、子育て期間中、短時間で研究の効率を上げなければならなかった。つまり、子育てをしない男性研究者が、二時間かけて研究するところを、米沢氏は一時間で仕上げなければならなかった。

その結果、いつも締め切りに追われるような形になり、とくに意識しないでも、集中力は自然とついてきたと米沢氏はいう。時間が足りないという悪条件を、米沢氏は最大限利用したのだ。

プロテニスプレーヤーの平木理化選手も、別のインタビューでおなじような意味のことをいっている。

全仏オープン混合ダブルスで、日本人として初の優勝を飾った平木選手は、テニス一本で生きていくプロが多いなか、NTT関東支社に勤務しているという異色の経歴の持ち主だ。

そんな彼女は、かぎられた時間のなかで仕事を終わらせるために、いかに早く作業ができるか、自分と競争するのだという。

まず、その日一日のゴールを、自分なりに設定する。そして、いかに早くその日のノルマが終わるか、新記録に挑戦するようなつもりでがんばる、というわけである。

なるほど、作業にあてる時間が短くなれば、自然と集中力はついてくる。「どうすれば早く終わらせることができるか」「作業に無駄はないか」と頭をフルにつかうので、神経が研《と》ぎ澄《す》まされて、ますます集中力

がアップするというわけだ。

じっさいにやってみると、意外なほど早く仕事が終わり、一時間は最低かかると思っていたことが、思い込みだったとわかるかもしれない。平木選手は、まさにゲーム感覚でノルマをつくり、時間を区切ることで、集中力を高めていたのだ。

だからまずは、「時間が足りない」という思い込みを捨ててみよう。そして、ひとつの作業をいままでの約半分の時間で終わらせるように、努力をしてみる。

どんなスポーツでも自分に負荷をかけないと記録が伸びないものだが、集中力も自分に負荷をかけないと養えないものなのだ。

集中力の強化術・3
締め切り時間を自主的に設定する

『罪と罰』『カラマーゾフの兄弟』などの作品で知られる作家、ドストエフスキーは、晩年、自分の作品がすべて締め切りに迫られて書いたものであったと告白している。

どうやらロシアの文豪でも、怖い編集者の顔を思い浮かべることで、土壇場《どたんば》で高い集中力を発揮し、それによって、あの数々の名作を書いていたらしい。

このように、あとがないという状況に追い込まれると、人は凝縮《ぎょうしゅく》された集中力を発揮することができる。

おなじく、追い込まれた状態のなかで、驚異的な集中力を発揮したのは、将棋の木村義雄一四世名人だった。

木村名人は生前、〝一分将棋〟の名人といわれた。プロ棋士の対局では、ふつう五時間から八時間程度の持ち時間が与えられるが、それを使い切ると、一手一分で指さなければならなくなる。ところが、木村名人は半ば意図的に持ち時間を使い果たし、自らを一分将棋という状況に追い込んだのである。

これでは、いっけん、対局相手に有利な状況をつくっているだけに思えるが、結果は逆だった。対局相手は、木村名人の並々ならぬ気迫に、圧倒されるばかりだったという。つまり、木村名人は、自らを一分将棋に追い込むことで、超人的な集中力を発揮し、その迫力で相手を圧倒したというわけである。

この方法は、すこし手法を変えれば、仕事や勉強の面でも応用できる。もちろん、木村名人のように、ほんとうの締め切りまで時間をつかってしまっては、万が一失敗したときが危険。だから、締め切り時間は架空《かくう》のものにしておいたほうがいい。

たとえば、目覚まし時計やキッチンタイマーを、三〇分〜一時間後に鳴るようにセットして、その時間を仕事の締め切りとするのも、ひとつの方法だ。

そのとき、見えないところに時計を置き、残り時間がわからないようにしておくと、より効果的だろう。時計が側にあると、時間が迫ると時計のほうに目が向く回数がふえて、かえって集中力が低下する恐れがあるからだ。

しかし、時計を隠しておけば、タイマーがいつ鳴るかわからないので、時計が鳴るまでのあいだ、時間とのデッドヒートをくり広げることができる。緊張感がよりいっそう高まって、高い集中力を手にすることができるはずだ。

このように、日常の作業にちょっとした緊張感をもたせることも、集中力をアップさせるコツといえる。

集中力の強化術・4

二つの作業を同時に進行させてみる

ある評論家は、ふたつないしそれ以上のことを同時におこなえるという〝特技〟をもっている。

たとえば、英字新聞を読みながら、講演会の筋書きを考えたり、人と話をしながら、原稿の構成を練《ね》ったり、きわめて複雑な作業を、同時におこなえるというのだ。

また本も、一冊ずつ読むことはせず、つねに何冊かを併読《へいどく》するのがモットーだという。しかも、これらの作業すべてに、同程度の高い集中力が向けられるというのだから驚きである。

なかなかふつうは、ここまでできない。やはり英字新聞を読んでいるときは、それにかかりきりになるものだし、原稿の構成なども、簡単に、何かをしながら考えられるものではない。

しかし、ふたつのことを同一時間内におこなおうと試みることは、集中力を高めるにはいいトレーニングになる。

AとBというちがう種類のことを同時におこなおうとすれば、A↓B、B↓Aと、意識をつねに往復させなければならない。前に、コマ切れ時間にひとつのことに集中するという方法を紹介したが、AとBふたつのことを同時におこなうというのは、極端に短いコマ切れ時間を利用して、AとBのふたつのことを交互におこなっているということになる。

当然、頭は目まぐるしくフル回転することになり、自然と緊張感もわいてくる。集中力を養成するには、これほど理想的なトレーニングもないというわけだ。

もちろん、最初のうちは、あまりむずかしいことを同時におこなおうとすると、二兎を追う者は一兎をも得ずになってしまうので、意味がない。

またこれは、ふたつの作業を同時におこなうことを目的としているのではなく、あくまでも集中力を養うためにおこなうもの。よって、気をひきしめたいときや、やる気を出したいときなど、ここぞというときに試してみるとよいだろう。

たとえば、ただ会議に出て人の発言を聞くだけでなく、聞きながら次の企画を考えるというのでもいい。この程度のことでも、会議をおろそかにすることはできないため、かなりの注意力が要求されるはずだ。もしも会議中に、気が散って集中力がとぎれそうになったら、ぜひお試しを。

集中力の強化術・5

つねに本番のつもりで作業に取り組む

世界的なピアニストのウラジミール・アシュケナージは、驚異的な集中力の持ち主として知られている。

たとえば、その集中力は、演奏会のみならず、レコーディングの場面でも発揮される。アシュケナージはほかのピアニストとちがい、レコーディングのほとんどを、わずかワンテイクで終わらせてしまうというのだ。

通常はおなじ曲を何度か弾き、いちばんいい演奏を選んだり、いい箇所《かしょ》をつなげたりするのだが、アシュケナージの場合は、最高の演奏を一度で決めるのがモットーなのだという。

なんともうらやましいほどの集中力だが、これは才能に加えて、ふだんの訓練の賜物《たまもの》でもある。アシュケナージは、一回一回の練習を、コンサートで演奏していると想定しながら弾いているという。日頃から甘えのない世界で、本番を意識しながら、密度の濃い演奏をしているからこそ、アシュケナージはどんなときでも、高い集中力を発揮することができるのだ。

プロテニスプレーヤーの平木理化選手も、おなじことをいっている。

平木選手も、練習するときは、だらだらと長い時間することはせず、一時間なら一時間と決めて、本番の試合だと思って練習するという。こうすると、本番で、練習とのギャップを感じなくてすみ、また集中力も増すので、短時間で質の高い練習をすることができるのだ。

さらに平木選手は、練習のつもりでやるか、試合のつもりでやるかで、意識が変わってくるといっている。

やはり本番のつもりで練習すれば、よりいっそう、気合も熱も入る。よく受験生が、入試の過去問題を、時間を計って本番のつもりで解いたりするが、あれとおなじ。練習を本番のつもりでやるのは、集中力を高めるかっこうの方法といえる。

仕事でも、集中力がなくなってきて、どうもやる気がしないというときは、緊張感も失われている場合が多い。そんなときは、何か頭に活を入れるシミュレーションをしてみるといいだろう。

たとえば、上司からプレゼンテーションの草稿を書くよう命じられたとする。そのとき、「どうせ自分のプレゼンじゃないのだから」と思えば、やる気も質も低下して当然だ。

しかしそこを、「明日自分がプレゼンするんだ」と

思えば、がぜん集中力も出てくる。結果、作成した草稿のできがよければ、今度はもうすこし大きな仕事を任される可能性もある。これも「本番だと思ってやってみる」ことの効果である。

集中力の強化術・6

何でもいいから熱中できる趣味をもつ

アメリカの「鉄鋼王」といわれ、「カーネギーホール」の設立者としても知られるアンドリュー・カーネギーは、どんな仕事についても、いつもそのなかで一番になることを望んでいたという。

若き日のカーネギーは、電報配達人としてはたらいていたが、そこでも目指すことは「全米一の電報配達人になる」ことだった。彼は、受け持ち地区の地理を頭に叩《たた》き込むことで、迅速《じんそく》な配達をし、すぐに会社に認められるようになった。ここでも、「どんなことでも一番になってやろう」というカーネギーのやる気が、彼の人生を成功へと導いたのである。

このカーネギーの姿勢には、集中力をアップさせるという点でも、見習うべきところが多い。

なぜなら、どんなささいなことでも、一番を目指すつもりで努力をすると、次第にのめり込みはじめて、やがてはその作業に夢中になり、ひいては集中力が高まるからだ。いや、「一番を目指す」などと気張る必要はない。何かひとつ、自分がハマれるものを見つけ、それに徹底してハマってみるのだ。

「自分はこのジャンルにかんしては誰にも負けないぞ」と思えば、いつの間にかその世界にハマって、ほんとうに詳しくなるものだ。すると、ますますおもしろくてたまらなくなり、またさらに、深いところへのめり込んでいく。

こうなれば、とくに集中力をつけようと思わなくても、あなたの集中力はすでに十分にアップしているはずだ。

何かにのめり込んで得られた集中力は、ほかのジャンルでも発揮できる。一度でも、集中できるパターン

を身につければ、要領はおなじ。大切な仕事の場面でも、集中力を発揮しやすくなるのだ。

だから、熱中できることは、何でもいい。カーネギーのように「いまの仕事でナンバーワン」になるもよし、「趣味の世界でマニアナンバーワン」を目指すのもよし。とことん何かに没頭するということは、集中力アップへの意外な近道なのだ。

じっさい、「ビジネスで成功している人ほど、熱中できる趣味をもっている」と、専門家は指摘する。これも、趣味で磨《みが》かれた集中力が、仕事にも活かされているという証拠だろう。

だから、「とくに趣味がない」という人や、「先週の休日、何をしたか覚えていない」というお疲れの人は、何か打ち込めるものを探してみよう。我を忘れさせてくれるほどの趣味は、きっといろいろな面であなたの役に立つはずだ。

集中力の強化術・7
本や映画の、集中力を鍛える楽しみ方

映画評論家の淀川長治《よどがわながはる》氏の家族は、両親をはじめとして、皆、映画好きだったという。そんな家庭に育った淀川氏の幼いころの役目は、映画にいけなかった家族の

ために、そのあらすじを覚えてきて、話してやることだった。

当時はいまとちがって、ビデオやＤＶＤなどない時代である。映画はスクリーンで見るものであり、映画館にいけなかった家族には、その作品に巡り会うチャンスはめったになかったにちがいない。

だから、映画を見てない家族に、映画の内容がよくわかるように話をしてやりたいと思っていた幼いころの淀川氏にとって、映画はまさに一期一会の出会いだったはずである。

おそらく、当時の淀川氏は、おなじように親に連れられて映画館にきていた、ほかのどんな子どもよりも熱心に画面を見つめていたはずだ。そうして細部まで目を凝《こ》らして映画を見ているうちに、淀川氏は、映画のとりこになったのだという。

やはり「ただ自分が好き」というだけでなく、淀川氏には、「家族に話して聞かせなければ」という強い使命感があったのが、よかったのだろう。

この話には、集中力をアップさせるヒントがある。たとえば、集中して本を読みたいときは、「読み終わったら、誰かに本の内容を説明しよう」と思いながら読んでみるのだ。そう思えば、話のテーマや内容をちゃんとつかんでおかなければならず、ひとりで読むよりも、さまざまな面で気持ちがひきしまってくる。これが集中力アップへとつながっていく。

ほかにも、テレビで野球観戦をしているときに、何回に誰が打ち、守ったのか、解説者のように説明できるほど熱心に見てもいい。こんなやり方なら、楽しみながら集中力を身につけることもできる。

この第三者を意識した訓練は、ほかにも日常のちょっとした場面でおこなうことができるはずだ。

集中力の強化術・8

人の話をじっくり聞く習慣をつける

カウンセリングを職業とする人は、相手の立場に立ち、相手の主張を徹底して聞くことからはじめるという。つまり、相手が何をいっても否定することはせず、相手といっしょに怒ったり、悲しんだりするわけである。

すると、相手はカウンセラーを信用して心を開きはじめ、自分が思っていることを、素直に吐き出すようになる。だからカウンセラーは、我が身を没入させるほど、徹底的に相手の話に耳を傾ける。

おそらく、これほど人の話をじっくり聞く職業は、ほかにないだろう。カウンセラーは、人の話を聞くプロ中のプロといえる。

そうしたカウンセラーに要求されるのが、人一倍の集中力である。

じっさい、かなりの集中力がないと、長いあいだ、人の話をひたすら聞きつづけることはむずかしい。一方的に聞いているばかりだと、時間がたつにつれて集中力が落ち、いつのまにか相手の話など上《うわ》の空になってしまうのがふつうだからだ。

しかし、カウンセラーは、高い集中力をもって、相手の話を聞きつづける。もちろん、プロのカウンセラーとて、生まれながらにして、人の話を聞く能力に長《た》けていたわけではないが、日々の訓練で、そのような能力を身につけていくのである。

これもひとつの集中力アップの秘訣《ひけつ》といえるだろう。

相手の話をじっくり聞く習慣を身につけると、聞く能力とともに、相手の話に集中する力もついていく。

カウンセラーになったつもりで、じっくりと相手の話を聞くことも、集中力を伸ばすコツなのだ。

さらに慣れてくれば、集中力がついたおかげで、より聞く能力が増し、いっそう集中力も高められていくという、相乗効果もある。

しかも、この習慣が身につけば、集中力アップのみならず、自然と人付き合いもうまくなる。ふつう、人は、自分の話を一生懸命聞いてくれる人に、心を開くものだからだ。

だからときには、ひたすら聞き役に徹するのも悪くない。きっと一石二鳥の、すばらしい効果があるはずだ。

集中力の強化術・9

メモは必要最低限しか取らない

一流のジャーナリストは皆、メモは最低限しかとらないという。

なぜなら、相手のいうことを逐一《ちくいち》メモしていては、メモをとることに気をとられるあまり、肝心の相手の話に耳を傾けることが、おろそかになるからだ。これでは、メモをとる意味がなくなってしまう。

また、メモに頼りすぎると、「メモをとっているから大丈夫」という安心感から、その場で話を深く理解しようとする気持ちが、薄らいでしまうこともある。つまりメモをとることは必要だが、そのことに夢中になりすぎると集中力は落ちてしまう。やはり相手の話に集中したかったら、メモは必要最低限に抑えたほうがいい。

また、この方法だと、一字一句がノートに残るわけではないので、すこしでも多くの情報を頭にとどめようと、自然と相手の話に食いつくことになる。メモに依存《いぞん》しないことが、緊張感を生み出し、集中力を持続させるのだ。

具体的には、相手の話を聞きながら、キーワードを中心にメモしておく。こうすると、簡単にすばやくメモがとれるだけでなく、「いま聞いている話の主題は何だろうか」と頭をつかうので、話により深く集中す

ることができる。

こうしておくと、無駄のない、箇条書きのようなメモが残るので、あとで見やすいという利点もある。シンプルなわりには、重要なキーワードは残っているので、のちに話の内容を復元するときにも便利だ。

また、文章にする必要はないので、日付、固有名詞、数字なども、もらさず明記しておくといい。

まず、日付のような時間軸が残っていると、あとあとメモを見返したときに、そのときの記憶が思い出しやすくなる。

人名や会社名などの固有名詞は、あとでパソコン検索をかけるときに便利だ。できればその場で、正確な漢字も確認しておくといいだろう。

そして数字は、メモがないと、なかなか正確には記憶できないものなので、忘れずに書いておくこと。その際は、「〜人」「〜円」などの単位も、書き込もう。単位がないと、意外とあとで何の数字なのかわからなくなってしまう。

最初のうちは、情報量が多すぎたり、少なすぎたり、必要最低限のメモをとることはむずかしいかもしれない。しかし慣れてきて、ポイントを押さえた書き込みができるようになれば、高い集中力をキープしながら、あとあとつかえるメモがつくれるようになるはずだ。

集中力の強化術・10

日頃から自然をよく観察する

「○○を思い出して描いてください」というゲームがある。題材は、ランドセルだったり、ミキサー車だったり、ふだんよく目にするものが選ばれるのだが、これが意外とむずかしい。絵の技量の問題ではない。たいていの人が、よく画像を覚えていないのだ。

人は身近なものこそ、じっさいはそれほどよく見ていない。よく目にするものにかぎって、見た気になって、それ以上よく見ようとはしないからだ。

だからときには、何かをじっくり観察してみるのもいい。日頃からよくものを観察するくせをつけておくと、集中力も自然とついてくる。

たとえば、身近にある自然をよく観察してみよう。近所の木や、公園に植えられている花でもいい。じっとそれらを眺めていれば、いままで気がつかなかった発見が、きっとあるにちがいない。そして、やがては、観察すること自体が、とても楽しくなるはずだ。

こうして「よく見ること」の楽しみを覚えれば、集中力がアップするだけでなく、一度高めた集中力を長くキープする訓練にもなる。

さらに、時間があれば、観察したことを絵に描いてみると、より効果的だ。紙に描きとめると、細部を知りたくなり、もっと細かいところまで観察しようという気になってくるからだ。

しかも、絵を描く面白さに目覚めれば、作業に没頭でき、高い集中力を養うこともできるようになる。

横浜ベイスターズの斎藤隆投手も、オフになると絵を描くという。あるインタビューによると斎藤投手は、ほかのことは考えられないほどに、かなりのめり込んで絵を描くらしい。これは一種のリフレッシュ法であると同時に、集中力を高めるのにひと役買っていることはいうまでもない。

「絵は苦手」という人は、まずは観察だけでもはじめてみよう。特別な準備はいらない。たとえば、待ち合わせ場所で人を待っているとき、目の前に立つ木を三分でもいいから観察してみる。

さらに、その発展形としては、俳句をひねるという方法もある。俳句は自然を観察することからはじまるといわれている。じっくりと観察し、それを五七五の世界にまとめあげる。これもまた、かっこうの集中力養成のトレーニングといえる。

集中力の強化術・11

集中力アップに有効な「残像集中法」とは

最近、スポーツ界で、集中力をアップさせる方法として、よく用いられているものに、「残像集中法」といわれるものがある。

まず、特定の図形や物が描かれたカードを用意し、そのカードを二〇秒間ほどじっと見つめる。その後、目を閉じ、まぶたの裏にその画像を思い浮かべるようにする。そして慣れるまで、おなじ作業を何度かくり返していく。

最初のうちこそ、三〇秒ほどで画像は頭のなかから消えてしまうが、訓練次第では、一分以上も残像をまぶたの裏にとどめておくことが可能になるという。

こうして訓練をつみ、長く残像をとどめることに慣れてくれば、あとは集中したいときに目を閉じて、その残像を思い浮かべるだけでいい。すると、集中力は、ふたたびよみがえってくるという具合だ。

ある高校野球の名門校も、低迷ぎみの時期にこの方法を練習に取り入れたところ、見事、甲子園で準優勝を成し遂げることができたという。野球部員たちは、試合中に集中力が低下すると、グローブに貼られたカードの代用となるシールを見て、集中力を持続させた。

つまり、シールに描かれた像をもう一回見て、忘れかけていた残像を呼び起こすことで、とぎれそうになっていた集中力をキープしていたのだ。

おなじことは、ろうそくをつかった方法でもできる。

まず、ろうそくに火をともし、カードを見るときとおなじように、二〇秒間じっと炎を見つづける。そして、目を閉じ、まぶたの裏に残った画像を、ふたたび見つめていくのだ。

これもカードの場合とおなじく、できるだけ毎日つづけることがコツ。何度も訓練することによって、いつでも残像をまぶたにイメージできるようになる。たとえろうそくが手元にないときでも、いつでも集中力を発揮することができるのだ。

たとえば、どうしても仕事や勉強がはかどらないときは、ひと休みして目を閉じてみよう。そしてその場で、炎の残像を思い浮かべる。

たったこれだけのことでも、次第に集中力は復活してくるので、あとはまた元の作業に戻ればいい。「残像集中法」は、気分をリフレッシュしたいときにも、おすすめの方法である。

あとがき

「自分に集中力さえあれば、これほど仕事に時間をとられることなく、いまよりも充実した毎日が送れるだろうに」

「私にも彼女のような集中力があったら、さぞかし勉強がはかどっただろうに」

読者の方のなかには、きっと、そんなことを思っている人が多いはずである。この本では、そうした願いに応えるべく、集中力を発揮《はっき》するためのさまざまな方法を紹介してきたが、最後にひと言、注意しておきたいことがある。

たしかに集中力があれば、勉強や仕事ははかどるだろうし、反対に集中力がないと、どれだけやっても能率は上がらない。それは事実だ。

しかし、だからといって、「集中力さえあれば、何でも思うままにいく」と考えるのは間違い。これは、心理学的には「強迫《きょうはく》観念」といわれ、集中力を絶対的なものと信じるあまりのこだわりにすぎない。

集中力というものは、それほど「オールマイティ」ではない。集中力があれば、何でも実現できるわけではないし、だいいち、途切れることなく、いつまでも維持《いじ》できる集中力など誰にも備わっていないのだ。

たしかに、仕事や勉強がうまくいかないときは、つい「自分には集中力がない」「集中力さえあったら」と思いたくなるものだが、そう思ってもあまり意味がない。

また、「これほど気が散るとは、自分には気合が足りないのだ」と思う人もいるが、これも同様である。あまり自分を叱ってばかりいると、「自分はダメな人間だ」と、マイナスイメージばかり強化してしまうことになる。

人間、誰しも、不調なときもあれば、好調なときもある。とくに、集中力というのは、肉体的疲労と密接なかかわりがある。すでに述べたように、たいてい六〇分から九〇分ほど経過すると、体が疲れ、集中力は次第に低下していく。

どんなに、高い位置で集中力をキープしたくても、誰にでも波があり、また限界もある。これは、決してその人に「気合が足りない」からではないのだ。

したがって、まずは「ダメなときにどうするか」を考えることだ。誰にでも訪れる、不調の波がきたときに、どのようにしてそれを乗り越え、ふたたび集中力を呼び起こしていくか。それが問題なのだ。

「集中力さえあったら……」「やっぱり自分はダメだ」と思いそうになったら、じょうずに休憩《きゅうけい》をとったり、仕事のあとに楽しみをつくったり、やる気が出るような工夫を取り入れていこう。波はあっても、集中力はコントロールできる。そのための方法は、すでに本書で紹介してきたとおりだ。読者の健闘を祈っている。

◉左記の文献等を参考にさせていただきました――

「集中力」山下富美代（講談社）／「チャンスに勝つピンチで負けない自分管理術」長谷川滋利（幻冬舎）／「集中力」谷川浩司、「日本人大リーガーに学ぶメンタル強化術」高畑好秀（角川書店）／「集中力がつく本」多湖輝（ごま書房）／「スランプ克服の法則」岡本浩一（PHP研究所）／「成功するメンタル改造術」高畑好秀（主婦の友社）／「集中力養成法」望月亨子（ライオン社）／「古武術の発見」養老孟司・甲野善紀（光文社）／「野球のメンタルトレーニング」ハーベイ・A・ドルフマン、カール・キュール（大修館書店）／「イラストでわかるここ一番！の集中力を高める法」児玉光雄（東洋経済新報社）／ほか

KAWADE
夢文庫

集中力を
確実にアップする技術

二〇〇四年九月一日　初版発行

著　者……ライフ・エキスパート［編］

企画・編集……夢の設計社
東京都新宿区山吹町二六二〒162-0801
☎〇三―三二六七―七八五一（編集）

発行者……若森繁男

発行所……河出書房新社
東京都渋谷区千駄ヶ谷二―三二―二〒151-0051
☎〇三―三四〇四―一二〇一（営業）
http://www.kawade.co.jp/

装　幀……川上成夫＋熊谷千尋

印刷・製本……中央精版印刷株式会社

版下作成……イールプランニング

定価はカバーに表示してあります。落丁本・乱丁本はおとりかえいたします。

ISBN4-309-49545-1 Printed in Japan